CHINA

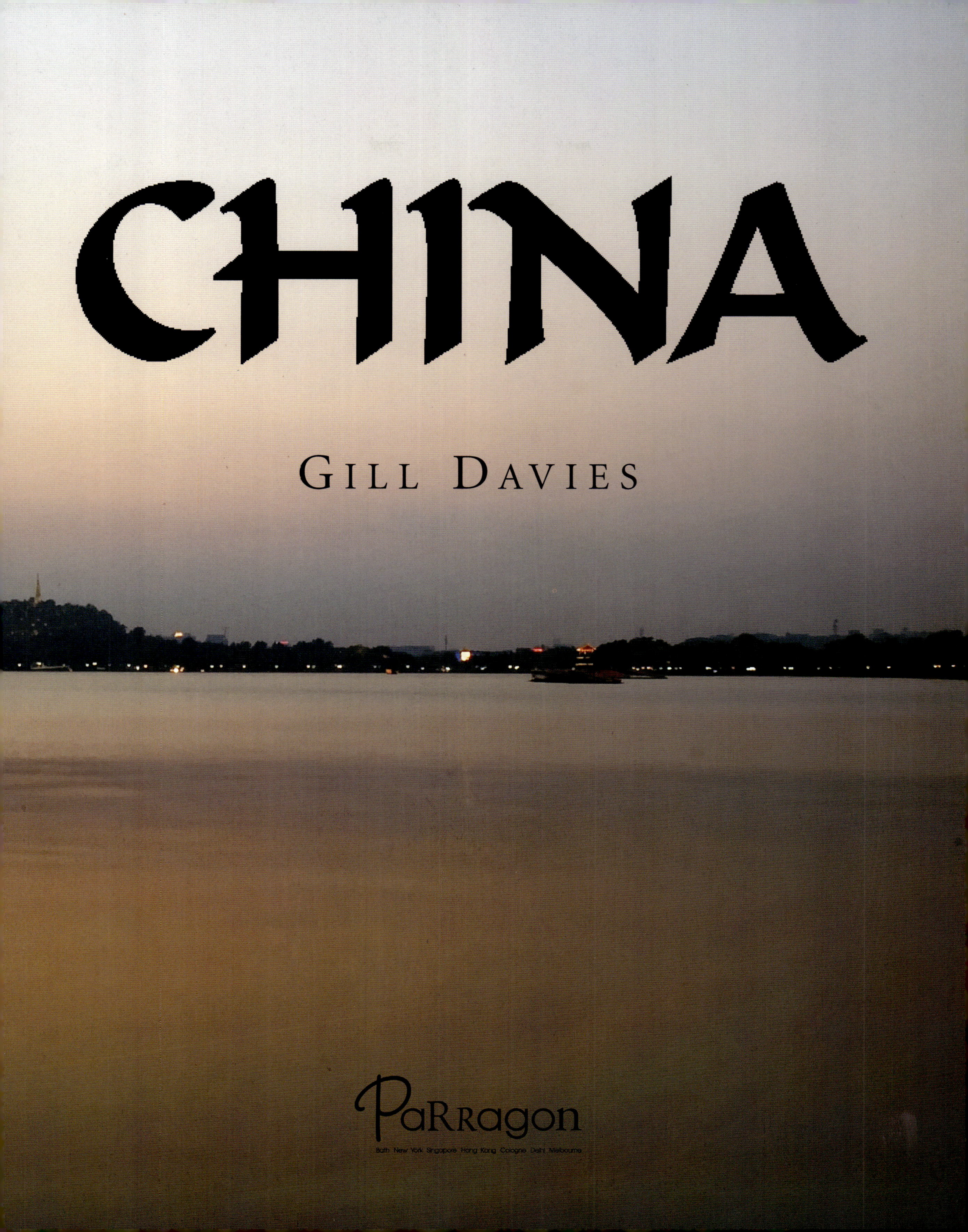

CHINA

GILL DAVIES

Parragon
Bath New York Singapore Hong Kong Cologne Delhi Melbourne

Entwurf und Realisation: Stonecastle Graphics Limited
Text: Gill Davies
Layout: Paul Turner und Sue Pressley
Lektorat: Philip de Ste. Croix
Bildrecherche: Nick Freeth

Parragon Books Ltd
Queen Street House
4 Queen Street
Bath BA1 1HE, UK

Produktion der deutschen Ausgabe:
trans texas publishing, Köln
Übersetzung: Susanne Schmidt-Wussow, Berlin;
Inga-Brita Thiele, Köln
Lektorat und Satz: ce redaktionsbüro, Heinsberg

ISBN 978-1-4075-4292-8
Printed in China

Seite 1: *In der Provinz Hunan liegt der nebelverhangene Zhangjiajie-Nationalpark mit über 3000 schroffen Sandsteinpfeilern und -gipfeln, zahlreichen Höhlen, Schluchten, natürlichen Felsbrücken, Wasserläufen, Teichen und Wasserfällen inmitten von dichtem Wald.*

Seiten 2–3: *Marco Polo nannte Hangzhou die schönste und prächtigste Stadt der Welt. Überall schimmert Wasser, denn die Stadt liegt am Unterlauf des Qiantang in der Nähe des Jangtsekiang-Deltas und am Südende des Kaiserkanals. Ihr idyllischer Westsee war ein beliebter Zufluchtsort der chinesischen Kaiser.*

Bildnachweis:
(l = links, r = rechts, o = oben, u = unten, m = Mitte, n = Nebenbild, h = Hintergrund)

© Shutterstock.com
Afaizal 144–145 *(no)*; Lynsey Allan 53; Amihays 130; Alexandru Axon 67 *(ur)*; Arnon Ayal 26; Kitch Bain 50; Baloncici 125 *(nu)*; Thomas Barrat 76 *(o)*; Beltsazar 178; Simone van den Berg 184 *(r)*; Nick Biemans 25 *(u)*; Vera Bogaerts 138; Pozzo Di Borgo 30–31 *(ul)*; Richard Bowden 155; Dmitry Brailovsky 54–55 *(h)*; Narcisa Floricica Buzlea 113 *(h)*; Rémi Cauzid 20 *(ul)*, 107, 128; Marek Cech 162–163; Norman Chan 7, 72, 223 *(ul)*, 224–225 *(h)*;Wai Chan 68–69 *(r)*, 193; Albert Cheng 179; Chunni4691 228; Clouston 77; Kevin Connors 63 *(or)*; Countryroad 233 *(o)*; Bobby Deal/RealDealPhoto 29 *(or)*; Zhu Difeng 8–9, 11, 31 *(r)*, 50–51 *(h)*, 64, 86, 92 *(no)*, 100–101, 206–207 *(h)*; Pichugin Dmitry 14–15 *(u)*, 20–21 *(h)*, 20–21 *(ur)*, 22–23 *(h)*, 36, 38–39 *(h)*, 40–41 *(h)*, 44–45 *(o)*, 46–47 *(l)*, 47 *(or)*, 52, 84–85; Rusty Dodson 78; Anna Dzondzua 6, 200–201 *(h)*; Efimor 104–105 *(h)*, 229 *(h)*; Christopher Elwell 126–127 *(r)*; Chee Choon Fat 66–67 *(l)*, 118; Fenghui 40 (n), 99 *(u)*, 121 *(u)*, 151 *(or)*, 174, 175; 186 *(l)*, 203 *(or)*, 216–217 *(u)*, 217 *(o)*, 219 *(o)*; Flashon Studio 114–115; July Flower 125 *(o)*; Pepper Frangos 220; Joseph Gareri 16 *(r)*; Gary718 99 *(o)*; Gilmanshin 123; Christine Gonsalves 172 *(nl)*; Ilya D. Gridnev 19 *(ur)*, 95; James Stuart Griffith 230–231 *(h)*; Dieter Hahn 157 *(o)*; Christopher Hall 54–55 *(nl)*; Craig Hansen 31 (ol), 35 (ol); Amy Nichole Harris 237; Ben Heys 164–165 *(l)*; Volker Hopf 161 *(r)*; Cyril Hou 176–177 *(h)*; Jiang Dao Hua 142 *(r)*, 143; Anita Huszti 24 *(o)*; Iamanewbee 87; Midkhat Izmaylov 83 *(o)*; Pieter Janssen 65, 171 *(u)*; Tan Kian Khoon 109; Chen Heng Kong 149, 150–151 *(l)*; Kschrei 55 *(nr)*; Timur Kulgarin 197; Jonathan Larsen 106, 180–181, 211 *(r)*, 229 *(o)*; Patrick Laverdant 119; Jimmy Lee 133 *(ur)*; John Leung 134 *(l)*; Princess Lola 116 *(h)*; Maceofoto 168–169 *(h)*; Hugo Maes 142 *(l)*; R. Gino Santa Maria 182 *(l)*; Rafael Martin-Gaitero 196, 226 *(nu)*; Colin & Linda McKie 60–61, 68 *(l)*, 222–223 *(h)*, 222 *(ul)*; Stephen Meese 33; Benjamin Mercer 104 *(l)*; Holger Mette 194–195 *(r)*, 204 *(ul)*, 204–205 *(r)*, 221; Jon Naustdalslid 226 *(no)*; Tamir Niv 56 *(nu)*, 116 *(u)*, 182 *(r)*, 183; Oksanaperkins 133 *(or)*; Tropinina Olga 104–105 *(r)*, 190–191; Alberto P 24 *(u)*; Regien Paassen 58–59, 74–75 *(h)*, 98–99 *(h)*; PaintedLens 202–203 *(u)*; Michael Pettigrew 19 *(or)*; Ho Philip 1, 2–3; Photomediacom 120; Hwang Soo Ping 98 *(u)*; Plexiglass 67 *(or)*; Mikhail Pogosov 121 *(o)*; Polartern 12–13 *(r)*, 214–215 *(h)*; Redrabit 184 *(l)*; Cora Reed 131 *(h)*; Rgbspace 166–167 *(h)*; Ronen 134 *(nu)*; Stephen Rudolph 76 *(u)*, 90; Chris Sargent 158–159; Mario Savoia 177 *(nu)*; Chen Wei Seng 34–35 *(u)*, 88; Olga Shelego 18–19 *(l)*; Chai Kian Shin 96–97 *(l)*; Leonid Smirnov 48; Vasily Smirnov 156; Juha Sompinmäki 201 *(n)*; Mark Scott Spatny 140; Alex Staroseltsev 170; Joanne Stemberger 154; Bidouze Stéphane 48; Michel Stevelmans 37; Stephen Strathdee 62–63 *(l)*; Ronald Sumners 113, 177 *(no)*; Yanfei Sun 203 *(ol)*; Szefei 75 *(nr)*, 91; Kim Pin Tan 56–57 *(h)*; Taolmor 102, 124–125 *(l)*, 129, 212, 213 *(o)*, 219 *(u)*, 226–227 *(h)*; Stuart Taylor 15 *(o)*; TheBand 144–145 *(h)*; TheKeefer 10, 27, 47 *(ur)*, 126 *(l)*, 231 *(nu)*; Harald Høiland Tjøstheim 139, 218; Kheng Guan Toh 141 *(o)*, 141 *(ul)*; Stephane Tougard 103, 110–111 *(l)*; Silvio Verrecchia 172–173 *(r)*; Medvedev Vladimir 42–43, 92–93 *(h)*; Thomas Peter Voss 17; Yan Vugenfirer 132–133 *(l)*; Vuifah 131 *(nu)*; Ke Wang 194 *(l)*, 222 *(ur)*;Webtrias 160–161 *(l)*; Teng Wei 108; Olav Wildermann 134–135 *(r)*, 199;WizData 94;Wolf Design 164–165 *(h)*; Tito Wong 70–71, 97 *(r)*, 176 *(n)*; Yang Heng Wong 213 *(u)*; Judy Worley 25 *(o)*; Yang Xiaofeng 141 *(ur)*; Alexander Yakovlev 210–211 *(m)*; Shi Yali 122, 146–147, 165 *(r)*, 171 *(o)*; Ray Yang 206 *(u)*, 214 *(nu)*; Yun Leung Young 225 *(o)*; Feng Yu 229 *(u)*; Huang Yuetao 45 *(u)*; Yuyangc 12 *(l)*, 185, 186–187 *(r)*; Serg Zastavkin 16 *(l)*

© iStockphoto.com:
Btrenkel 28–29 *(l)*; Bryan Faust 167 *(n)*; Kurt Hahn 157 *(u)*; Jaymast 72 *(u)*; Qian Jin 79, 80 *(l)*; LogoHY 151 *(ur)*; David Pedre 198, 232; Tomasz Resiak 29 *(ur)*; Manuel Velasco 112; Zhen Yang 148

© Corbis:
Wong Adam/Redlink/Corbis 152–153, 188–189; O. Alamany & E. Vicens/Corbis 35 *(or)*; Archivo Iconografico, S.A./Corbis 117; Remi Benali/Corbis 136 *(l)*; CSPA/NewSport/Corbis 234 *(nl)*; DLILLC/Corbis 32; Fine Art Photographic Library/Corbis 73 *(o)*; Lindsay Hebberd/Corbis 82–83 *(u)*; Dave G. Houser/Corbis 89; Liu Liqun/Corbis 233 *(u)*; Frank Lukasseck/Corbis 63 *(ur)*; Ramon Manent/Corbis 192; Milepost 921/2/Corbis 204 *(ol)*; Jose Fuste Raga/Corbis 208–209 *(h)*, 209 *(n)*, 234–235 *(r)*; Redlink/Corbis 168–169 *(n)*; Keren Su/Corbis 136–137 *(r)*; Liang Zhuoming/Corbis 80–81 *(r)*

INHALT

Einleitung
Seite 6

土水火木金

ERDE
Seite 8

WASSER
Seite 58

FEUER
Seite 100

HOLZ
Seite 146

METALL
Seite 190

Faszinierende Fakten und Zahlen
Seite 236

Register
Seite 239

Einleitung

China ist ein höchst erstaunliches Land, das dem Westen bis heute Rätsel aufgibt. Jahrtausendelang war es ein verborgenes Land, dessen riesiges Territorium sich westlichen Augen erst allmählich öffnete, als die ersten Pilger und Händler es über die rund 8000 km lange Seidenstraße erreichten, die sich über Land und See von Europa bis nach Ostafrika und weiter nach Asien erstreckte. Eine Haaresbreite weiter öffnete China seine Tore, als 1245 ein italienischer Weggefährte des heiligen Franziskus, der Franziskanermönch Johannes de Plano Carpini, von Papst Innozenz IV. als Gesandter in den Fernen Osten geschickt wurde. Rund 20 Jahre später traf Marco Polo am chinesischen Kaiserhof ein, von dem er faszinierende Geschichten über das wunderbare Reich der Mitte zurück nach Europa brachte. Doch 1400 schlug China seine Tore wieder fest zu und verbot allen Fremden die Einreise. Erst nach und nach wurden wieder Gesandte fremder Königshöfe ins Land gelassen und Vertragshäfen für einen florierenden Auslandshandel geöffnet.

Eine erfinderische Kultur

Chinas hoch entwickelte Kultur hat der westlichen Welt eine Fülle wundersamer Entdeckungen beschert, darunter so wichtige und teils weltbewegende Erfindungen wie das Schießpulver, das Druckwesen, Papierherstellung und Papiergeld, Abakus, Steigbügel, Seismometer, Porzellan, Seide und Kompass.

China ist ein uraltes Land mit einigen der frühesten Spuren menschlicher Zivilisation. Außer den in den 1920er-Jahren in der Zhoukoudian-Höhle bei Beijing entdeckten fossilen Überresten des berühmten Pekingmenschen *(Homo erectus)*, eines Vorläufers des modernen Menschen, der vor 250 000–600 000 Jahren lebte, fand man noch die 750 000 bis 1 Million Jahre alten Überreste des Yuanmou-Menschen und des Lantian-Menschen. Beide werden ebenfalls der Spezies *Homo erectus* zugeordnet. Auch die frühesten Fossilien von Blütenpflanzen wurden hier zutage gefördert, und so überrascht es kaum, dass sich in China vor etwa 7000–8000 Jahren eine der größten Zivilisationen der Welt entwickelte. Chinas Schriftzeugnisse reichen rund 4000 Jahre zurück, womit es sich neben dem alten Ägypten, Babylon und Indien als Wiege einer der ältesten Hochkulturen der Welt ausweist. Zudem besitzt China das älteste durchgehend verwendete Schriftsprachensystem der Geschichte.

Große Philosophen und Gelehrte wie Konfuzius haben das Denken der Welt und unsere Auffassung von unserem Platz im Universum mitgeprägt. Chinesische Astronomen dokumentierten als Erste Sonnenprotuberanzen (auf einem Schildkrötenpanzer), einen Meteorschauer im Jahr 2133 v. Chr. und die erste bestätigte Sonnenfinsternis während der Shang-Dynastie 1217 v. Chr.

Von der Astronomie kommen wir zur Astrologie – und zu den fünf Hauptkapiteln dieses Buchs. Die Chinesen betrachten viele Aspekte des Lebens als Teil des Kreislaufs aus Werden und Vergehen, der sich in den fünf Elementen verkörpert: Erde, Wasser, Feuer, Holz und Metall. Er hat Auswirkungen auf viele Facetten der chinesischen Kultur, z. B. Musik, Medizin, Militärstrategie und Kampfkünste. Die Elemente werden mit Planeten, Körperteilen, Jahreszeiten, Lebenszyklen, den fünf Sinnen, Haustieren, Himmelstieren (wie Drachen und weißen Tigern), Körperorganen, Gefühlen, Farben und Himmelsrichtungen assoziiert.

Oben: *Viele Tempel sind reich mit Gold ausgeschmückt.*

Gegenüber: *Hongkongs glitzernde Skyline hinter dem imposanten Kongress- und Messezentrum der Stadt.*

Die chinesischen fünf Elemente

Unsere Erforschung Chinas ist nach den fünf Elementen gegliedert. Als Erstes wollen wir die *Erde* betrachten. Das gibt uns Gelegenheit, uns mit den ganz unterschiedlichen Landschaften Chinas zu befassen und mit den Menschen und Tieren, die sie bewohnen. China begeistert mit zerklüfteten, schneebedeckten Berggipfeln im Südwesten, wo der Everest gen Himmel ragt, üppigen Dschungeln, felsigen Wüsten wie der Gobi, sonnenverwöhnten Stränden, türkisfarbenen Seen, kunstvoll angelegten Reisterrassen an dunstverschleierten Gebirgshängen und Sanddünen, auf denen im Winter der Reif glitzert.

Das zweite Kapitel, *Wasser,* folgt dem Fließen der Meere, Flüsse, Seen und Wasserfälle, die diese vielfältigen Landschaften durchziehen. Wir entdecken Häfen, Inseln, Fischerdörfer und die Geschöpfe, die in dieser Umwelt gedeihen.

Feuer steht für Inspiration und Schaffensdrang, und so geht es in diesem Kapitel um Kunst, Literatur, Theater, Kalligrafie, Kochkunst, Erfindungen und Religion, aber auch um Drachen – Feuer speiende und Flugdrachen –, Feuerwerk, Feiern und Feste sowie das wohl typischste aller Produkte, das durch die Hitze des Feuers erschaffen wird: das Porzellan.

Das vierte Element ist das *Holz:* ein Kapitel über Bäume, Bambuswälder und scheue Waldbewohner. Aus Holz und Holzprodukten entstehen in China u.a. Pagoden, Möbel, Musikinstrumente und Papier. So erfahren wir hier auch, wie sich aus kunstvoll gefaltetem und zurechtgeschnittenem Papier allerlei Dekoratives von schimmernden Laternen über Opernmasken bis zu verblüffenden Rüstungen herstellen lässt.

Zuletzt schauen wir uns an, wie *Metall* geschmolzen und als Werkzeug eingesetzt wird, um Gebäude, wuchernde Städte, lebenswichtige Verkehrsverbindungen wie Brücken und Straßen und vieles mehr zu erschaffen. Dabei blicken wir auch auf die Bronzezeit und die Entstehung der Tonsoldaten-Armee zurück, besuchen die geschäftigen Häfen von Shanghai und Hongkong, Städte wie Nanjing und das kaiserliche Beijing und bestaunen die herrlichen Tempel, Gräber, Pagoden, Monumentalstatuen, Paläste und Gärten, die diesem unvergleichlichen Land seinen besonderen Zauber verleihen.

Nach wie vor wimmeln die Straßen der Städte von Drahteseln, aber es kommen immer mehr Autos dazu, derweil sich China Hals über Kopf in die Moderne stürzt, Wolkenkratzer in den Himmel wachsen und das technische Know-how auf allen Gebieten explodiert. Rund 600 Jahre lang durften nur die Mitglieder des kaiserlichen Hofs Beijings Verbotene Stadt betreten, doch in den letzten 20 Jahren ist alles anders geworden. Heute schenkt sogar Starbucks seinen Kaffee im Inneren der einst so mysteriösen Mauern aus – ein Zeichen dafür, wie rückhaltlos sich das moderne China auf die Globalisierung einlässt.

Heute schickt sich China an, durch rasantes Wachstum und noch rasanteren Wandel den Sprung aus seiner 5000-jährigen Geschichte in die Zukunft zu vollziehen und sich als moderne Nation in Handel, Fertigung, Industrie, Wissenschaft und Sport an die Weltspitze aufzuschwingen. Mit rund 1 321 851 000 Einwohnern ist es das bevölkerungsreichste Land der Erde – ein Land voller fantasievoller, erfindungsreicher Menschen, die sich ihrer Identität und ihrer Umwelt stets bewusst waren und ihre Liebe zur Natur und ihre religiösen Ideale von jeher auf kreative und innovative Weise zum Ausdruck brachten. China hütet ein unglaublich reiches und vielfältiges Erbe an Kalligrafie, Kunst, Architektur, Medizin, Philosophie ... und noch viel, viel mehr.

土

ERDE

China ist nicht einfach nur groß – nein: China ist gigantisch! Wer eine Weltkarte entfaltet oder einen Globus um seine Achse dreht, kann sich kaum vorstellen, dass dieses gewaltige Gebiet von der Größe eines Kontinents zu einem einzigen Land gehören soll. Es ist das größte Land, das zur Gänze in Asien liegt, das viertgrößte Land der Erde und Heimat von über 1,3 Milliarden Menschen, also mehr als einem Fünftel der Weltbevölkerung.

Links: *Wolkenfetzen hängen zwischen den grün bewaldeten Bergen und Felsen des Lushan-Nationalparks.*

Ein Land der Kontraste

Natürlich ist Größe nicht alles, aber China ist in gewisser Weise alles: Es ist wie eine faszinierende Enzyklopädie, eine Ansammlung vieler Tausend erstaunlicher Facetten. Es umfasst die unterschiedlichsten Landschaften: von himmelhohen Bergen bis zu üppigen Bambuswäldern, von hektischen Großstädten über einsame Wüsten unterm Sternenhimmel bis zu silbrig schillernden Reisfeldern.

In seiner Geschichte gab es einen jahrtausendelangen Zeitraum, in dem China als ein Riesenreich unter einer Abfolge von Dynastien geeint war. Dieser Zeitraum begann 221 v. Chr. und dauerte bis 1912 n. Chr. an.

Chinas Landmasse erstreckt sich über 9 584 492 km^2 und besitzt 22 143 km lange Landgrenzen mit 14 anderen Ländern: Afghanistan, Bhutan, Indien, Kasachstan, Nordkorea, Kirgistan, Laos, Mongolei, Myanmar, Nepal, Pakistan, Russland, Tadschikistan und Vietnam. Chinas Küstenlinie erstreckt sich rund 14 000 km weit von der Grenze zu Nordkorea im Norden bis nach Vietnam im Süden. Im Osten und Süden wird das Land von der Bucht von Korea, dem Gelben Meer, dem Ostchinesischen Meer und dem Südchinesischen Meer umspült.

China besteht aus 22 Provinzen, fünf autonomen Regionen und vier „regierungsunmittelbaren" Städten. Reisterrassen schlingen sich wie die Höhenlinien einer Reliefkarte um seine Gebirgshänge. Im Osten liegen Tiefland und Ebenen; im Norden erstreckt sich dicht bevölkertes Schwemm- und Grasland bis an die Ränder des Mongolischen Plateaus. Asiatische Schwarz- oder Kragenbären streifen durch die dichten Nadelwälder des Nordostens. Der Nordwesten umfasst außer einer riesigen Schwemmebene auch Hochebenen und atemberaubende Wüsten wie die sich immer weiter ausdehnende Gobi und die Taklamakan, durch die zweihöckrige Kamele wandern.

Chinas tiefster Punkt ist die Turfan-Senke im Nordwesten, einer der wenigen Landpunkte der Erde, die unter dem Meeresspiegel liegen – und zwar um ganze 155 m. In die Senke schmiegt sich ein Salzsee. Vor langer Zeit war dies eine wichtige Station an der Seidenstraße, wo Reisende, Händler und Mönche auf dem langen Weg nach Westen Rast machten.

An Chinas südwestlichen Grenzen reckt das mächtige Himalajagebirge seine Gipfel in den Himmel wie gigantische weiße Reißzähne. Einen dramatischen Kontrast dazu bilden die schwül-feuchten Tropendschungel im tiefen Süden, in denen Tiger umherstreifen, während Riesenpandas mit schwarz geränderten Augen aus den Bambusdickichten in Zentral- und Westchina spähen.

Auch die Entfernungen in diesem Land sind riesig: Rund 5200 km sind vom West- bis zum Ostende zurückzulegen, über 5500 km von Norden nach Süden. Entlang der Ost-West-Achse wechseln die Zeitzonen (allerdings gilt offiziell in ganz China eine Standardzeit: MEZ + 7 Stunden), von Norden nach Süden die Klimazonen: Während der Norden noch von heftigen winterlichen Schneestürmen geschüttelt wird, begrüßt man im Süden schon den Frühling.

Links: *Am Südwestrand Chinas ragen die messerscharfen Gipfelriesen des Himalaja, des jüngsten Gebirges der Welt, bis hoch in die Wolken.*

Rechts: *In der Nähe der Stadt Guilin erheben sich grüne Hügel und karstige Felsformationen aus der fruchtbaren Ebene und umrahmen den Fluss wie eine Skyline aus schartigen Drachenzähnen.*

Rechts: *Nicht weit von Guilin schlängeln sich Reisterrassen um die steilen Hänge bis zum Gipfel hinauf und bilden fingerabdruckähnliche Muster, in deren Rillen silbernes Wasser glänzt. Viele derartige Terrassensysteme wurden vor rund 500 Jahren unter der Ming-Dynastie angelegt.*

Oben: *Der Nationalforstpark Zhangjiajie verblüfft mit seiner unglaublichen Landschaft aus steil aufragenden Gipfeltürmen und wild zerklüfteten Felsen, die viele chinesische Maler inspirierte. Spektakuläre Höhlen gibt es hier auch, und inmitten der üppigen Vegetation dieses einzigartigen Lebensraums tummeln sich Goldfasanen, Rhesusaffen, Riesensalamander und Moschushirsche.*

Wetterextreme

So groß und landschaftlich vielfältig das Land, so riesig natürlich auch die Bandbreite der Wetterverhältnisse: Chinas Klima reicht von Wüsten- über Tropen- bis zu subarktischen Zonen.

Die nördliche Klimazone (mit Beijing) genießt im Sommer Tagestemperaturen bis über 30 °C, doch die Winter sind bitterkalt. Weiter südlich in der zentralen Zone (mit Shanghai) ist das Wetter gemäßigt kontinental, mit sehr heißen Sommern und kalten Wintern. Im Süden dagegen herrscht subtropisches Wetter mit sehr heißen Sommern und milden Wintern.

Vor allem im Inland kommen gelegentlich extreme Wetterbedingungen wie Dürren und Staubstürme vor. Die Küstenregionen werden regelmäßig von heftigen Taifunen (mit Sturmgeschwindigkeiten von bis zu 265 km/h) heimgesucht, die mitunter ganze Ortschaften überfluten und Massenevakuierungen notwendig machen. Aber es gibt auch die milde Zeit der Pfirsichblüte, in der der Frühling mit vielen regionalen Festen begrüßt wird.

Erdbeben und Vulkane

Chinas Landmasse erstreckt sich über eine der seismisch aktivsten Regionen der Erde. Hier haben sich bereits viele verheerende Erdbeben ereignet. 1556 forderte das große Erdbeben von Shaanxi mehr Menschenleben als jedes andere Erdbeben der Geschichte. Die Erschütterungswellen des gewaltigen Erdstoßes von schätzungsweise 8,0 bis 8,3 auf der Richter-Skala pflanzten sich vom Epizentrum im Kreis Hua in der zentralchinesischen Provinz Shaanxi durch 98 Bezirke und acht Provinzen fort und töteten rund 830 000 Menschen.

1975 erschütterte ein Erdbeben der Stärke 7,3 Haicheng (in der nordöstlichen Provinz Liaoning). Es verursachte erhebliche Sachschäden, forderte aber dank Frühwarnsystem und zügiger Evakuierung nur wenige Todesopfer. Ganz anders, als im Juli 1976 ein Beben der Stärke 8,0 die geschäftige Stadt Tangshan in Nordchina) heimsuchte: Dies war mit wohl über 240 000 Todesopfern und rund 500 000 Verletzten das zweitschlimmste dokumentierte Erdbeben der Geschichte.

Ebenfalls 8,0 Stärke hatte das Beben am 12. Mai 2008 mit seinem Epizentrum in der Provinz Sichuan. Zwar kamen nach offiziellen Angaben „nur“ knapp 70 000 Menschen ums Leben, aber mit fast 20 000 Vermissten und den verheerenden Folgeschäden war das Beben eine der schlimmsten Naturkatastrophen der jüngeren chinesischen Geschichte.

Außerdem gibt es rund 30 Vulkangruppen und um die 1000 Vulkane in China, die meisten davon im Norden und Nordosten. Experten warnen vor den potenziell gefährlichen Vulkanen des Changbai-Gebirges, auch wenn sie seit Jahrhunderten friedlich schlummern. Der Baitoushan an der Grenze zu Korea brach zuletzt 1702 aus. Dann sind da noch die Schlammvulkane – riesige Schlammkegel, die durch seismische Aktivitäten aufgeworfen werden. Allein am Nordhang des Tianshan in Nordwestchina erheben sich 36 davon.

Zu Chinas unzähligen erloschenen Vulkanen gehört eine riesige Gruppe von Vulkankegeln in der Großen Ebene, wo man beobachten kann, wie die Krater bei bis zu 60 Eruptionen pro Minute Erdgas und -öl in die Luft speien.

Links: Der Tianchi-See auf dem Berg Baekdu in Nordostchina ist der höchste Kratersee der Welt. Viele erloschene und untätige Vulkane sind schon seit Jahrhunderten nicht mehr ausgebrochen.

Unten: Düstere Sturmwolken über einer Gebirgskette in Tibet – einer wilden, abgeschiedenen und in weiten Teilen wüsten Landschaft, die man auch das „Dach der Welt" nennt.

Chinas reiche Tier- und Pflanzenwelt

Chinas Naturvielfalt und seine weiten, ursprünglichen Landschaften bieten Lebensraum für über 4500 Wirbeltierarten, darunter 1244 Vögel, 430 Säugetiere, 208 Amphibien, 350 Reptilien und 2300 Fische – wenige Länder der Welt können mehr verschiedene Spezies aufbieten. Darunter sind viele seltene Tiere, die nur hier vorkommen, wie z. B. Stumpfnasenaffen, China-Alligatoren, Nipponibisse und Große Pandas. Dazu gesellen sich Weißlippen-Hirsche, Braune Ohrfasane, Chinesische Flussdelfine, asiatische Elefanten, Schneeleoparden und Tiger. Von den 15 Kranicharten der Welt leben neun in China.

In den abgelegeneren Regionen findet sich eine unglaubliche Vielfalt an Tieren und Pflanzen – fast jede größere Pflanze der tropischen und gemäßigten Zonen der Nordhalbkugel gedeiht hier. Zu den rund 7000 Holzgewächsen gehören 2800 wirtschaftlich nutzbare Hölzer und über 300 Nacktsamer (die u. a. die Nadelgehölze einschließen). China besitzt 650 der 800 bekannten Azaleenarten, 390 Schlüsselblumenarten und rund 230 Enzianarten. Die 400 Unterarten der Strauchpäonien stammen ursprünglich aus der Provinz Shandong.

Die uralten, seltenen Ginkgobäume *(Ginkgo biloba)* wurden über 1000 Jahre von chinesischen Mönchen gepflegt und gehegt. Sie sind so alt, dass man sie auch als „lebende Fossilien" bezeichnet, da ungewiss ist, ob überhaupt noch wilde Ginkgos in freier Natur existieren. Diese Bäume sind sehr widerstandsfähig gegen Krankheiten und Insektenbefall, bilden Luftwurzeln aus und treiben immer wieder neu aus, wodurch sie ein so hohes Alter erreichen. Es heißt, einzelne Exemplare seien über 2500 Jahre alt, und aus der Provinz Shandong wurde sogar ein 3000 Jahre alter Ginkgo gemeldet.

Gefährdete Vertreter der chinesischen Pflanzenwelt sind die Taubenbäume *(Cathaya argyrophylla)* mit schuppiger Rinde und Schuppenzapfen, die sich an schmale, steile Hänge klammern: Sie stammen von ausgestorbenen Arten der Gattung *Cathaya* ab, die vor etwa 10–30 Millionen Jahren auf der Erde wuchsen. Zu Chinas vielen wunderschönen Blütenpflanzen gehören die prachtvollen Kamelien: Die seltene gelbe *Camellia chrysantha* oder *Camellia nitidissima* gedeiht in den Feuchtwäldern der südlichen Region Guangxi. China beherbergt 46 Koniferenarten, 33 Kamelien, 63 Stechpalmen, rund 300 einheimische Farnarten, 31 Magnolien, 66 Orchideen und 46 Rhododendronarten. Es gibt 58 Schwertlilienarten in China (21 davon nur hier), u. a. spektakuläre weiße Exemplare. Über 574 Wald- oder Wildreservate wurden eingerichtet, um seltene und bedrohte Arten zu schützen und zu bewahren – und einige bereits ausgestorbene wieder einzubürgern.

Oben: *Schiefergraue Kraniche staksen durch den Schnee. Unter den rund vier Millionen Vögeln, die jährlich das Delta des Huanghe besuchen, sind viele Graue Kraniche.*

Oben: *Der Schneeleopard bietet einen majestätischen Anblick.*

Rechts: *Es gibt nur noch knapp 250 wilde Elefanten in China.*

Links: *Rosa-weiße Magnolienblüten kündigen den Frühling an. Dieser Baum entwickelte sich in der Evolution noch vor den Bienen und lässt sich stattdessen von Käfern bestäuben.*

Ganz oben: *Die grasgrünen Blätter des* Ginkgo biloba, *seiner uralten Abstammung wegen auch als „lebendes Fossil" bezeichnet.*

Oben: *Eine zarte Kamelienblüte. Aus den Blättern und Blattknospen der* Camellia sinensis *wird auch Tee gewonnen.*

Ebenen, Grasland und Plateaus

Im nordöstlichen Hochland liegt das große zentralasiatische Plateau mit rund 2 600 000 km² Fläche, das durch die Wüste Gobi politisch und geografisch in Mongolei und Innere Mongolei unterteilt wird. Letztere gehört als autonome Region zu China.

Ebenes und hügeliges Grasland bedeckt das südwestliche Hochland des Großen Chingan (Da Hinggan Ling), eines Gebirgszugs im Nordosten der Inneren Mongolei. Seine Osthänge fallen steil zu Chinas nordöstlicher Ebene ab. Das Grasland nordwestlich der Berge wird von eiskalten Wintern und pfeifenden Winden heimgesucht, die kalte Luft aus den Hochregionen Zentralasiens hinabsaugen. Im Nordosten erstreckt sich weites Grasland von den Hügeln der Küste landeinwärts bis zu den Wäldern Südsibiriens – im Sommer warm, in den Wintermonaten kalt und windgepeitscht.

In der Provinz Sichuan, am Ostrand des tibetischen Hochlands, liegen die Ruoergai-Sümpfe (auch Zoigê genannt), die zu den höchstgelegenen Feuchtgebieten der Erde zählen und rund 10 000 km² Torfmoor umfassen – außerdem Flachmoore, Seen und Feuchtwiesen, auf denen seltene, nur hier heimische Pflanzen gedeihen. Hier und da erhebt sich ein vereinzelter Hügel aus der flachen Landschaft, die mit verstreuten Inseln trockeneren Graslands durchsetzt ist. In dieser sumpfigen Region, in der der Jangtsekiang und der Huanghe (Gelber Fluss) entspringen, leben rund 50 000 Menschen – hauptsächlich Tibeter, die bis heute an ihrer traditionellen Lebensweise als nomadische Hirten großer Schaf-, Yak-, Pferde- und Ziegenherden festhalten.

Innere Mongolei

Die Innere Mongolei ist als autonome Region Chinas drittgrößtes Verwaltungsgebiet. Das Hochland besteht aus Plateaus und kurzgrasiger Trockensteppe. Die hier lebenden Han-Chinesen waren traditionell Nomaden, die mit ihren Schafen und Ziegen umherzogen. Heute bauen sie als sesshafte Ackerbauern Getreide – Weizen und Hafer – und Gemüse an. Einige Gebiete der Inneren Mongolei werden systematisch bewässert, um Zuckerrüben und Ölsaaten anzubauen. An Bodenschätzen gibt es hier u. a. Kohle, Kupfer, Flussspat, Uran, Gold und Silber.

Auch wenn die Transmongolische Eisenbahn Ulan-Bator, die Hauptstadt der Mongolei, mit Russland und der Umgebung von Beijing verbindet und sich ein paar Straßen durch die Region schlängeln, bleibt das Hochland doch relativ abgeschieden und unterentwickelt.

Hauptstadt der Inneren Mongolei ist Hohhot (die Grüne Stadt) aus der Zeit der Ming-Dynastie vor rund vier Jahrhunderten. Ihr ältester Tempel ist der Dazhao mit einem 2,5 m hohen silbernen Buddha, einem Geschenk des Dalai Lama aus dem Jahr 1586, und vielen Wandbildern und Musikinstrumenten. Kunstvoll gestaltete Drachen zieren die goldenen Säulen, und ein eisernes Löwenpaar bewacht den Tempelsaal.

Zu den wichtigsten historischen Sehenswürdigkeiten gehört ein Monument für den Krieger Dschingis Khan (oder Kaiser Taizu, 1162–1227), den Begründer der Yuan-Dynastie. Sein riesiges Mausoleum auf dem Ordos-Plateau besteht aus drei jurtenförmigen Palästen mit gelb gekachelten Kuppeln, blau-weißen Wänden und zinnoberroten Toren. Außerdem befindet sich hier ein Palast, den der Khan auf Reisen nutzte.

Wer die zentralasiatischen Steppen bereist, kann heute noch in Jurten schlafen – den traditionellen, transportablen Wohnzelten der Nomaden aus einem filzbespannten Holzgerüst. Kamele und Kamelkarren durchqueren die Steppen, deren Bewohner am Ende eines Reisetags gegrilltes, gekochtes oder am Spieß gebratenes Lamm, Hammelfleischspieße oder Kamelhufe servieren – die mit Tee und Milch heruntergespült werden. Außerdem gehören zur mongolischen Tradition Volkslieder und -tänze, Säbelkämpfe sowie Pferde- und Kamelrennen.

Hintergrund: *Die Felsgipfel und -rücken der mongolischen Wüste erglühen im rosaroten Licht der untergehenden Sonne.*

Gegenüber, unten: *Am Karakul-See in Xinjiang Uygur kann man in traditionellen Jurten nächtigen – den einst gebräuchlichen transportablen Filzhütten der Nomaden dieser Region.*

Unten links: *Ganze Herden zottiger Yaks ernähren sich von Gräsern und Flechten des mongolischen Hochlands.*

Pferde bei der Tränke an einem mongolischen See. Diese stämmige, einheimische Pferderasse soll es schon zu Dschingis Khans Zeiten gegeben haben. Aus ihren kräftigen Schweifhaaren werden Seile und Geigensaiten gefertigt.

Tiere der Ebenen

In den Ebenen weiden nicht nur zahme Schafe und Ziegen, sondern auch Mongolische Gazellen, Przewalski-Gazellen und zweihöckrige Kamele oder Trampeltiere. In Dickichten überwintert der rotgesichtige Braune Ohrfasan mit samtschwarzem Kopf und Hals und steifen weißen Ohrbüscheln, die an einen Kaiser-Wilhelm-Bart erinnern. Er gilt als gefährdet, doch scheint seine Zahl durch Schutzmaßnahmen allmählich wieder anzusteigen (siehe auch Seite 34).

Viele Jahrhunderte war das Przewalski-Pferd *(Equus ferus przewalskii)* hier zu Hause, aber Jäger und die Verdrängung durch menschliche Nutztiere haben ihm wie vielen wilden Arten den Garaus gemacht. Der Braune Ohrfasan ist der einzige hier endemische Vogel – er verbringt den Winter im Strauch- und Grasland am Waldrand. Großtrappen und Steppenregenpfeifer sind als Brutgäste in den angrenzenden Ebenen zu finden.

Wo China an die Mongolei grenzt, ist der Asiatische Wildesel *(Equus hemionus onager)* oder Onager anzutreffen. Er ist im Sommer rotbraun, im Winter gelbbraun und hat einen schwarzen, weiß gesäumten Rückenstreifen. Herden dieser stämmigen, kurzbeinigen Tiere mit einer erfahrenen Leitstute an der Spitze weiden grobe, scharfkantige Pflanzen wie Rau- und Speergras ab, an denen sich andere Pflanzenfresser die Mäuler verletzen würden. Sie sind selten geworden, halten sich aber noch in abgelegenen Ebenen, Gebirgs- und Wüstengebieten.

Gegenüber, oben: *Die Männchen der Großtrappe gehören mit 13,5 kg zu den größten flugfähigen Vögeln der modernen Welt.*

Gegenüber, unten: *China und die Mongolei wollen die stark dezimierten wilden Trampeltiere (zweihöckrige Kamele) in der Gobi mit einem gemeinsamen Reservat retten.*

Oben: *Die wenigen verbliebenen Exemplare der echten wilden Przewalski-Pferde sind rötlich braun, teils mit schwachen Beinstreifen.*

Links: *Onager (Asiatische Wildesel) sind etwas größer als Esel und können bis zu 70 km/h schnell werden.*

Das fruchtbare Tiefland

Chinas fruchtbares Tiefland wird intensiv kultiviert: Ein ausgedehnter Flickenteppich aus Feldern säumt glitzernde Wasserläufe wie den Huanghe und den Jangtsekiang. Arbeitsintensive Getreidesorten wie Reis werden in feuchten Tieflandgebieten und an Gebirgshängen gezogen, deren Tümpel von Fischen, Fröschen und Enten wimmeln.

Sehr exotisch wirken die Erpel der Mandarinenten *(Aix galericulata)* mit ihrem orangeroten Federkleid, den weißen Augenbogen, dem orangefarbenen „Backenbart", dem schwarzweiß gestreiften Bauch und den „Segeln" an den Flügeln. Die Hutmacher schätzten ihre prächtigen Federn, und die dekorativen Vögel waren ein beliebtes Motiv der asiatischen Kunst. In der fernöstlichen Kultur galten sie mindestens seit dem 5. Jahrhundert als Symbol für eheliche Liebe und Treue; Brautpaare erhielten oft ein Entenpaar als Geschenk. Sie sind meist schweigsam, doch während der Balz pfeifen und rufen sie, und die Erpel grunzen mitunter wie Wildschweine. Mandarinenten sind keine reinen Wasservögel, sondern sitzen auch in Bäumen und nisten in Baumhöhlen in dichtem Wald, doch stets in der Nähe von seichten Seen, Sümpfen oder Tümpeln.

***Oben:** Bauern pflanzen Reissetzlinge auf die überfluteten Felder rund um Yanshuo in Südchina.*

***Gegenüber:** Die Feuchtgebiete des Tieflands bieten gute Bedingungen für Reisanbau und die heimische Tierwelt.*

Sonstige Bewohner der Feuchtgebiete

Wasserbüffel *(Bubalus bubalis)* dienen als Zug- und Lasttiere, vor allem auf den schlammigen Reisfeldern des Südens, wo man sie auch „Asiens lebendige Traktoren" nennt. Sie sind zum Pflügen und für Transporte unentbehrlich. Mit ihren weit gespreizten Hufen sinken sie nicht so tief in den Schlamm ein und kommen auch in Feuchtgebieten gut voran. Die langsamen, schwerfälligen Tiere produzieren wertvollen Dung, der als Naturdünger oder getrocknet als Brennstoff dient. Ihre üppige Milch eignet sich hervorragend zur Sahne- und Käseherstellung. Sie sind sehr zahm, freundlich und neugierig – trotz ihrer imposanten Schulterhöhe von 1,5 bis 1,9 m und der gewaltigen, nach hinten gebogenen Hörner.

In Chinas Feuchtgebieten tummeln sich rund 65 Säugetier-, 50 Reptilien-, 45 Amphibien- und 1040 Fischarten sowie über 300 Vogelarten, darunter Kraniche wie der Nonnenkranich *(Grus leucogeranus)*, der Weißnackenkranich *(G. vipio)*, der Mönchskranich *(G. monacha)* und der Graue Kranich *(G. grus)*, von denen viele Jahr für Jahr in den Yancheng-Feuchtgebieten der Provinz Jiangsu überwintern. Hier ist der Mandschureikranich *(G. japonensis)* mit über 600 Exemplaren am stärksten vertreten. Auch der Poyang-See ist ein wichtiges Winterquartier für Nonnenkraniche; rund 2000 bis 3000 Exemplare fliegen hier alljährlich ein. Die küstennahen Feuchtgebiete locken überwinternde Schwäne an.

In einigen chinesischen Sümpfen und Schilfgürteln sind die kleinen, scheuen Wasserrehe *(Hydropotes inermis)* zu Hause, die kein Geweih, sondern Hauer besitzen. Ihnen werden mitunter magische Kräfte zugeschrieben, weil sie mit ihrem hochempfindlichen Gehör, Geruchssinn und Sehvermögen jede Gefahr frühzeitig wahrnehmen und auf der Stelle in Deckung gehen. Sie sind ausgezeichnete Schwimmer und paddeln mitunter kilometerweit bis zu Flussinseln.

Grundnahrungsmittel Reis

Chinas fruchtbarste Böden säumen das Delta des Jangtsekiang, wo jedes verfügbare Zipfelchen der platten Feuchtlandschaft kultiviert wird. Das Delta des Huanghe (Gelber Fluss) umfasst 4500 km^2 ertragreicher Feuchtgebiete, die bis zu drei Ernten pro Jahr hervorbringen.

China besitzt über 33 Millionen Hektar Reisfelder, die aber vor allem in Ostchina heute oft im Mischpflanzenanbau bestellt werden, um den jährlichen Getreideertrag zu erhöhen. Im Norden wird vor allem Weizen angebaut, während der tropische Süden mit seinen ergiebigen Niederschlägen ausge-

zeichnete Reisernten einbringt. Dieses Grundnahrungsmittel wird seit Urzeiten angebaut. Die ältesten schriftlichen Belege für den Reisanbau in China sind zwar nur 3000 Jahre alt, aber archäologische Funde deuten darauf hin, dass ungeschälter Reis schon früher als Proviant für Armeen eingelagert wurde und bereits ab der Jungsteinzeit – also um 9000 v. Chr. – als Grabbeigabe diente. Zuchtreissorten wurden seit etwa 6400 v. Chr. kultiviert.

Heute deckt Reis mehr als ein Fünftel der weltweiten menschlichen Kalorienaufnahme. Chinas Tieflandebenen bieten ideale Bedingungen für den Reisanbau, aber vielerorts winden sich auch um die dunstigen Berghänge kunstvoll angelegte Reisterrassen mit Böschungen, die das Wasser zurückhalten. Der ohnehin sehr arbeitsintensive Reisanbau ist auf diesen Bergterrassen natürlich noch mühseliger.

Feuchtzonen in der Umgebung von Reisfeldern bieten Zuflucht für Vögel und Amphibien. Auf Wiesen und Gräben rund um die gefluteten Reisfelder sind oft Reisfrösche wie der Ornament-Engmaulfrosch zu entdecken.

Ein gesegnetes Land

Das ebene Gelände und die reichliche Wasserversorgung locken nicht nur Reisbauern, sondern auch Städtebauer, und so sind in diesen Regionen viele dicht bevölkerte Industriestädte herangewachsen. China war einmal als Land des Hungers bekannt, aber heute müssen nur noch wenige seiner 1⅓ Milliarden Bürger Hunger leiden. Die Wirtschaft floriert, Industrie und Fertigung konkurrieren mit der Landwirtschaft um die Landnutzung. Heute kann die Jahresernte ebenso gut aus Kleidung bestehen wie aus Reis!

Oben: *Die prächtig bunte Mandarinente* (Aix galericulata) *gilt in China als Symbol des Glücks und der ehelichen Treue.*

Links und oben: *Reisterrassen wie die bei Guilin (links) und die Drachenrücken-Terrassen (oben) im Bezirk Longsheng erinnern an die Höhenlinien einer Reliefkarte.*

Wälder und Dschungel

China hat 750 geschützte Nationalforstgebiete mit insgesamt 784 500 km² Fläche. Etwa 8,7 % des gesamten Staatsgebiets wurden zum Schutz der einzigartigen Tier- und Pflanzenwelt des Landes und als natürliche Ressource für wissenschaftliche Forschung, Bildung und Tourismus reserviert.

Im Großen Chingan, einem Gebirge in Nordostchina, gibt es ausgedehnte Nadelwälder mit Lärchen, Mandschurischen Birken und Waldkiefern. Im Kleinen Chingan gedeihen Koreakiefer und Dahurische Lärche, während das Sichuan-Becken in den tieferen Lagen Bambus, auf den mittleren Etagen Laubbäume und Zypressen und in größeren Höhen Koniferen beherbergt. Weiter südlich, in den subtropischen Provinzen Fujian und Zhejiang, dominieren immergrüne Laubwälder, während das Yunnan-Becken ganz im Süden, auf dem Wendekreis des Krebses, mit tropischem Dschungel aufwartet. Die facettenreiche Provinz mit 26 ethnischen Minderheiten besitzt eine Fülle unterschiedlicher Ökosysteme – von üppigem Tropendschungel bis zu Gletscherseen – und eine entsprechend vielfältige Tier- und Pflanzenwelt. Hier im Süden können ganzjährig Nutzpflanzen angebaut werden.

Auf der großen Insel Hainan, südlich des chinesischen Festlands und gegenüber von Vietnam, gibt es Kautschuk-, Kokosnuss- und Betelnussplantagen, herrliche Wasserfälle, dramatische Berggipfel, ein Riesenangebot tropischer Früchte – und Dschungel, in deren feuchter Atmosphäre sich Hirsche, Rhesusaffen und Makaken ebenso wohlfühlen wie die weniger sympathischen Blutegel. Der Nationalforstpark Jianfengling ist ein ausgedehntes tropisches Urwaldgebiet mit 4300 Tierarten, u. a. Kragenbären, Schuppentieren, prachtvoll gezeichneten Nebelpardern und Schwarzen Schopfgibbons, die sich an unglaublich langen Armen durch die Wipfel schwingen. Imposant ist die 2005 eingeweihte Statue der buddhistischen Heiligen Guanyin auf einem Pier, der ins Meer hinausragt – mit 108 m Höhe überragt diese zweithöchste Statue der Welt sogar die amerikanische Freiheitsstatue. Die Bergdörfer im Landesinneren werden von den Volksgruppen der Li und Miao bewohnt.

Hier wachsen der Drachenbaum, dessen rotes Harz in der traditionellen chinesischen Kräuterheilkunde als durchblutungsfördernd galt, die rote Zwergbanane sowie zahlreiche Farne, Lianen, Feigen und Epiphythen, die die Bäume hinaufwuchern.

Links: *In Zhangjiajie, Chinas erstem Nationalpark, ragen von Erosion und winterlichem Eis geformte Felssäulen aus dem dichten Dschungelteppich.*

Oben links: *Affe aus der Provinz Jiangsu, wo Bambus, Tannen und Kiefern gedeihen.*

Oben: *Flusslandschaft in der Provinz Zhejiang.*

Tiere des Waldes

Es gibt eine chinesische Sage von einem zaubermächtigen Affen namens Sunwukong („Affenkönig"), einer Art schalkhaftem Superheld, der den Schwachen half und gegen das Böse für die Gerechtigkeit kämpfte. Doch obwohl Affen in China Respekt genießen, sind sie heute gefährdet, da ihr Waldlebensraum durch Abholzung und Landwirtschaft immer weiter schrumpft.

Stumpfnasenaffen kommen nur in China vor. Es gibt drei Arten: die Goldstumpfnase *(Rhinopithecus roxellana)*, die Braune Stumpfnase *(R. bieti)* und die Graue oder Guizhou-Stumpfnase *(R. brelichi)*, die in großen Gruppen (von mitunter mehreren Hundert) in Mischwäldern oder Bambusdschungeln im Gebirge leben. Es sind farbenprächtige Geschöpfe mit blauen Gesichtern, rotgoldenem Pelz und kleinen Stupsnasen. Die Männchen haben warzenartige Auswüchse in den Mundwinkeln. Sie knabbern Früchte, zarte Zweige, junge Triebe und Blätter, werden aber immer seltener, weil die Wälder immer schneller abgeholzt werden – als Nutzholz oder um Feldern, Dörfern und Straßen Platz zu machen. In den letzten vier Jahrzehnten ist der Lebensraum der Affen in Yunnan um ein Drittel geschrumpft, während sich die Weideflächen verdoppelt haben. Obwohl durch die chinesische Regierung offiziell geschützt, werden sie immer noch von Wilderern gejagt – um ihres prachtvollen Fells, ihrer als heilkräftig geltenden Knochen und ihres als Delikatesse geschätzten Gehirns willen. So sind diese schönen Tiere inzwischen leider von der Ausrottung bedroht.

***Oben:** Die Stumpfnasenaffen leben in Chinas Gebirgswäldern.*

***Gegenüber:** Der seltene Sibirische Tiger ist wohl nicht mehr lange anzutreffen.*

Der Südchinesische Tiger

Diese majestätische Raubkatze – *Panthera tigris amoyensis* – ist von allen fünf Unterarten des Tigers, die es heute noch gibt, wohl die seltenste und am akutesten vom Aussterben bedrohte. Vor etwa 40 Jahren gab es angeblich noch über 4000 dieser Tiger in freier Wildbahn. Doch sie wurden als „Schädlinge" erbarmungslos gejagt, und heute schätzen Experten die Zahl der wilden Exemplare auf unter 30. Man fürchtet, dass der Südchinesische Tiger in freier Natur innerhalb des nächsten Jahrzehnts aussterben wird. Tigersichtungen werden aus drei isolierten Gebieten im südöstlichen Zentralchina gemeldet – hier halten sich angeblich kleine, versprengte Populationen entlang der Gebirgsgrenzen der Provinzen Hunan, Jiangxi und Fujian. Offiziell wurde der Südchinesische Tiger zuletzt vor über 20 Jahren gesichtet, und auch die letzte inoffizielle Sichtung ist schon über ein Jahrzehnt her, aber Fußspuren und Kotreste lassen darauf schließen, dass noch einige Exemplare am Leben sind.

Einst waren die Tiger in vielen chinesischen Hochlanddschungeln der gemäßigten Zone heimisch, die reichlich Wasser zum Saufen und Schwimmen boten, aber ein Großteil ihres Lebensraums ist inzwischen zerstört. Dazu kommt die Wilderei, zumal die Tiger von alters her wichtige Zutaten für die chinesische Medizin lieferten. Traditionell konnte fast jeder Teil des Tigers dazu dienen, das eine oder andere Leiden zu kurieren. China erließ 1993 ein Verbot aller traditionellen chinesischen Heilmittel mit Tiger-Ingredienzen und bemüht sich seitdem mit Unterstützung und Fachwissen aus dem Ausland, diese imposanten Raubtiere zu schützen und nachzuzüchten. Es gibt Pläne, Chinas Tiger aufzuspüren und in 19 Reservaten in ihrem mutmaßlichen Verbreitungsgebiet im südlichen Zentralchina anzusiedeln, doch überlebensfähige Populationen brauchen große Reviere, in denen sie sich frei bewegen können.
Außerdem leben in China auch Sibirische Tiger *(Panthera tigris altaica)*, doch auch deren Zahl ist dramatisch geschrumpft.

Vögel des Waldes

Zwölf gefährdete Vogelarten brüten in den subtropischen Wäldern Südostchinas, darunter der leuchtend bunte Nymphenpitta und der seltene Weißkehl-Dschungelschnäpper. Der weltweit bedrohte Seidenpirol, dessen schwarz-silbern geschecktes Federkleid mit kastanien- bis rotbraunen Schwanzfedern kontrastiert, lässt seinen Flötengesang in einigen wenigen Schutzgebieten in Guangdong, Guangxi und Sichuan erklingen.

Viele dieser seltenen Vögel nisten nur während der Brutzeit in dieser subtropischen Waldregion und ziehen fürs restliche Jahr an andere Orte. Manche, wie der Königsfasan *(Syrmaticus reevesii)*, bewohnen in Zentralchina Hügel und tiefer gelegene Berghänge mit dichten, grün wogenden Wäldern. Seine Population in freier Natur ist rückläufig: In den Resten seines ursprünglichen Verbreitungsgebiets leben heute wohl weniger als 2000 Individuen. Dennoch bleibt dieser Fasan ein vertrauter Anblick, da er weltweit in Gefangenschaft gezüchtet wird. Er wurde nach dem Naturforscher John Reeves benannt, der 1931 die ersten Exemplare nach England schickte.

China ist mit 52 von weltweit 196 Arten das wichtigste Verbreitungsgebiet der farbenprächtigen Fasanenartigen. Die meisten dieser spektakulären Vögel tragen ein vielfarbiges Federkleid mit allerlei extravagantem Brimborium zur Schau: elegante Schmuckfedern, schillernde Augenflecken auf den Federn, Ohrbüschel, Halskrausen, bunte Gesichter, aufblasbare Stirn- und Kinnlappen. Besonders schöne Vertreter sind das Graubrauen-Bambushuhn, der Elliot-Fasan, der Blaue Ohrfasan, der Harman-Ohrfasan, der Koklass-Fasan, der scheue Cabot-Tragopan – und der wunderschöne südchinesische Silberfasan *(Lophura nycthemera)*, dessen Federkleid von dunkelgrau bis schneeweiß changiert. Silberfasane legen meist acht Eier in eine Kuhle im Schutz eines Strauchs und ziehen die Küken gemeinsam auf. Die Braunen Ohrfasane *(Crossoptilon mantchuricum)* können nicht gut fliegen, aber ausgezeichnet gleiten und ziemlich schnell rennen und verteidigen ihre Nistreviere wehrhaft. Sie leben sowohl im Hochgebirge als auch im Wald, wo sie in Sträuchern oder Bodenkuhlen nisten – vorwiegend in den Provinzen Shaanxi und Hebei.

Dann gibt es die Grauhäherlinge und die Japan- oder Blauschnäpper: Die Männchen dieser hübschen Zug- und Singvögel spreizen auf Sträuchern am Flussufer ihr leuchtend blaues Gefieder und trillern dazu ihre melodischen Lieder, bevor sie wieder auf Insektenjagd gehen. Die Wälder beherbergen auch riesige chinesische Schwarzamseln und Gelbbauchhäherlinge mit tiefblauen Hauben, die einen augenfälligen Kontrast zur knallgelben Kehl- und Bauchpartie bilden. Sie flitzen zwischen den uralten Baumriesen umher, in denen sie in ganzen Gruppen nisten. In der Abenddämmerung machen sich die Schwarzdommeln bemerkbar, die in Schilfröhrichten leben und auf Schilfplattformen in Sträuchern oder Bäumen nisten.

Kleinere Tiere müssen sich vor der Schlangenweihe *(Spilornis cheela)* in Acht nehmen, die in Waldzonen rund um Feuchtgebiete Jagd auf Schlangen, Eidechsen, Frösche und Mäuse macht. Sie schwingt sich mit dem morgendlichen Aufwind in die Lüfte, um die Landschaft mit scharfen Augen zu mustern. Oft lässt sie sich auch auf hohen Baumwipfeln nieder, bevor sie wieder übers Blätterdach davongleitet. Schlangenweihenpaare kommunizieren mit durchdringenden „Kii-kii-ke“-Rufen.

Sonstige Waldbewohner

In den Wäldern gibt es auch Baumfrösche zu sehen, die sich mitunter leidenschaftlich in Wasserlachen paaren. Der smaragdgrüne Chinesische Riesenflugfrosch *(Polypedates dennysi)* ist ein nachtaktiver Bewohner Südchinas, dessen große Augen im Dunkeln sehen. Alle Frösche schätzen das warm-feuchte Waldklima, vor allem nach sommerlichen Regengüssen.

Der im Nordosten heimische Chinesische Elefant *(Elephas maximus rubridens)* wurde wohl schon um das 14. Jahrhundert v. Chr. ausgerottet. Heute leben nur noch ein paar Asiatische Elefanten *(Elephas maximus)* im südwestlichen China. Sie pflegten über die Grenze zwischen China und Myanmar hin- und herzuwandern, sind aber inzwischen in einem Reservat in der Provinz Yunnan sesshaft geworden, Chinas einzigem Schutzgebiet für wilde Elefanten. Hier sieht man Jungelefanten um die Reisfelder herumtollen, während die Alttiere im Fluss baden. Die Einheimischen glauben, dass es dort, wo Elefanten leben, weder Armut noch Unglück gibt, und drücken ein Auge zu, wenn sich die Dickhäuter an ihren Reispflanzen vergreifen.

Links: *Üppiger Moosboden in den Wäldern von Jiuzhaigou.*

Oben links: *Ein farbenprächtiger Goldfasan.*

Oben: *Die Schlangenweihe bewohnt Wälder in Gewässernähe.*

Wilde Wüsten

Die gewaltige Wüste Gobi, die sich ständig weiter ausdehnt, ist zu Recht berühmt, doch Chinas landschaftlicher Reichtum umfasst noch viele andere Wüstenwunder. Einige der bedeutendsten werden hier vorgestellt.

Die Badainjaran-Wüste im Westen der Inneren Mongolei erstreckt sich über 49 000 km^2 und besitzt die höchsten, ortsfesten Sanddünen der Welt – mit bis zu 500 m Höhe. Unterirdisch fließt hier Wasser aus Gebirgsschneeschmelzen, das sich seinen Weg Hunderte von Kilometern weit durch Risse im Felsboden sucht. Über 100 von Quellen gespeiste Seen liegen zwischen den Dünen – einige mit Süßwasser, andere hochgradig versalzen. Sie gaben der Wüste ihren Namen, der auf Mongolisch „geheimnisvolle Seen" bedeutet.

Die Dzoosotoyn-Elisen-Wüste ist ein abgelegenes, karges Trockengebiet in der autonomen Region Sinkiang (Xinjiang Uygur). Hier befindet sich der am weitesten vom Meer entfernte Punkt der Welt – über 2600 km von der nächsten Küste. Er wurde im Juni 1986 von den britischen Forschern Nicholas Crane und Dr. Richard Crane erreicht.

In der Lop-Wüste (ebenfalls Sinkiang) fegen heftige Sandstürme dichte Staubschleier über das Gelände, um schließlich am Ostende der Taklamakan-Wüste gigantische Dünen aufzuhäufen. Wilde Kamele suchen die Wasserstellen der schilfbestandenen Oasen am Nordrand der Wüste auf.

Das Ordos-Hochplateau im Süden der Inneren Mongolei ist teils Wüste, teils Steppe. Es wird im Westen, Norden und Osten von einer weiten Schleife des Huanghe umflossen und ist durch Berge von der Wüste Gobi abgeschnitten. Im Süden und Osten trennt die Chinesische Mauer die Ordos von fruchtbaren Landschaften. Hier gibt es Sanddünen, schroffe Schluchten, Salzseen, Gebirgsgras und Strauchland. Wermut- und Süßholzsträucher wachsen in dieser Gegend, Walddickichte gedeihen entlang der Flussufer, und weiter oben an den Hängen blühen die Wildblumen. Seltene Vogelarten brüten auf den Salzseen der Ordos, und einst lebten hier viele wilde Trampeltiere (zweihöckrige Kamele) sowie Schneeleoparden, Przewalski-Gazellen, Przewalski-Pferde und Onager. Heute dominieren Ziegen- und Schafherden, gehütet von nomadischen Mongolen, die seit Jahrhunderten hier leben und sich oft mit den Chinesen bekriegten. Inzwischen beschränken sie sich aber auf die friedliche Zucht ihrer Ziegen, die edle Kaschmirwolle liefern.

Die Taklamakan-Wüste belegt mit einer Sandfläche von 270 000 km^2 den 15. Platz unter den nicht polaren Wüsten der Welt. Sie ist rund 1000 km lang und 400 km breit und wird häufig von Sandstürmen gepeitscht. Zweigstrecken der Seidenstraße querten nur ihren Nord- und Südrand, da die Händler und Reisenden der fernen Vergangenheit diese Wüstenlandschaft mieden, in deren Inneren keinerlei Wasservorkommen zu finden sind. Die Handelskarawanen pflegten in Oasenstädten zu rasten, die heute größtenteils in Trümmern liegen.

***Unten:** Die ockergelb glühende Wüste Gobi bedeckt einen Großteil der südlichen Mongolei.*

***Gegenüber:** Ein gut erhaltener Abschnitt der Chinesischen Mauer. Mancherorts wurde die Mauer von der Wüste regelrecht verschlungen.*

Yaks weiden die spärliche Vegetation der mongolischen Wüste ab. Es gibt rund 12 Millionen Yaks in Chinas kalten Gebirgsregionen – das sind etwa 85 Prozent des weltweiten Bestands.

Die Wüste Gobi

Das riesige Wüstengebiet in China und der südlichen Mongolei liegt im Schatten des Himalajagebirges, das alle Regenwolken abfängt, sodass für die Gobi kein Niederschlag übrig bleibt. Dies ist die viertgrößte Wüste der Welt – und die größte Asiens. Sie bildet einen Bogen von rund 1600 km Länge und 480 bis 960 km Breite mit einer Fläche von etwa 1 300 000 km². Die Gobi war Teil des Mongolenreichs, und mehrere bedeutende Städte säumten hier die Seidenstraße. Sagen berichten, sie sei entstanden, als ein Mongolenhäuptling aus dem Gebiet floh, die chinesische Armee dicht auf den Fersen. Auf seiner Flucht habe er sich der schwarzen Magie bedient, um das Land hinter sich austrocknen und verdorren zu lassen. Marco Polo und sein Vater durchquerten die Gobi im 13. Jahrhundert, und sie wird bis heute von Karawanen nomadisierender mongolischer Schafhirten durchwandert – den kultivierten und gastfreundlichen letzten Erben einer an das harte Leben in der Wüste angepassten Tradition.

Die Gobi ist in weiten Teilen keine Sand-, sondern eine Steinwüste – eine unwirtliche Wildnis aus unfruchtbaren Geröllebenen und Felsen mit einigen wenigen an die Trockenheit angepassten Sträuchern, wie Salzkraut und Wermut, Raugras und Steifhalm. Die Temperaturen können bis auf 40 °C klettern, im Winter aber auch bis −40 °C absinken. Dann glitzert mitunter Reif oder sogar Schnee auf den Dünen.

Hier leben Wildesel und -pferde, seltene Saiga-Antilopen, Kropfgazellen, Steinböcke, Tigeriltisse, Sandregenpfeifer und die letzten wilden Trampeltiere (zweihöckrigen Kamele) der Welt, die zu den seltensten und am wenigsten erforschten Säugetieren gehören. Die Population von vielleicht noch 300 Exemplaren schrumpft aber zusehends. Schneeleoparden und Wölfe machen Jagd auf Steinböcke und andere Huftiere. Dann gibt es noch etwa 30 der scheuen Gobi-Bären *(Ursus arctos gobiensis)*, die längere Gliedmaßen und einen kürzeren, eher goldfarbenen Pelz haben als ihre bekannteren Verwandten, die Braunbären. Der einzige Wüstenbär der Welt lässt sich aber häufiger in der mongolischen Gobi als im chinesischen Teil blicken.

Die Wüste lockt Paläontologen und Archäologen, die diesen prähistorischen „Friedhof", auf dem vor allem im Nordwesten viele versteinerte Knochen sehr dicht unter der Oberfläche liegen, nach Dinosaurierfossilien absuchen. Die ersten versteinerten Dinosauriereier wurden von einem Expeditionsteam in der Gobi entdeckt.

Die Gobi dehnt sich in erstaunlichem Tempo aus. Ihr gewaltiges Gebiet besteht aus fünf verschiedenen Ökoregionen:

Hintergrund: *Die ausgedörrte Wüstenlandschaft der Gobi. Im Winter liegt auf ihren Dünen schon einmal Schnee.*

Unten: *Versteinerte Dinosaurierknochen aus dem Zigong-Dinosaurier-Museum in Sichuan. In der Gobi liegen viele Fossilien aus der Zeit des Jura vor rund 160 Millionen Jahren begraben.*

Die Wüstensteppe der östlichen Gobi erstreckt sich vom innermongolischen Plateau in China nordwärts bis in die Mongolei und umfasst das Yon-Gebirge und viele Salzpfannen und -tümpel. Westlich und südwestlich davon liegt die Halbwüste des Alashan-Plateaus mit vielen Wüstenbecken und niedrigen Bergen. Dann wären da noch die Wüstensteppe des Tals der Gobi-Seen nördlich des Alashan-Plateaus, die Halbwüste des Junggar-Beckens und die Taklamakan-Wüste (siehe auch Seite 36), von der heftige Sandstürme nach China hineinfegen.

Wüstentiere

Die Geländeformen reichen von Wanderdünen, auf denen sich keine Vegetation halten kann, über Gebiete mit festerem Sand und verstreuten Sträuchern bis zu steiniger Halbwüste mit stabilerem Boden, in dem Sträucher und andere Pflanzen wurzeln können. Das große Reservat im südlichen Gobi-Altai beherbergt eine von zwei verbleibenden Populationen wilder Trampeltiere. Auch Przewalski-Pferde wurden zuletzt hier gesichtet – die einzigen echten Wildpferde, die es noch auf der Welt gibt. Sie ähneln unseren Pferden, sind aber kleiner und kräftiger gebaut, mit Streifen auf dem Rücken und den Schultern.

Zu Chinas Wüstensäugern gehören die Cheng-Rennmaus *(Meriones chengi)* und kleine Springmäuse, die sich in den Sandboden eingraben oder mit großen Sprüngen über ihn hinwegrasen. Ihre Hinterbeine sind ungefähr fünfmal so lang wie die Vorderbeine, und ihr langer, biegsamer Schwanz hilft ihnen, bei ihren bis zu 3 m weiten Sprüngen das Gleichgewicht zu halten. Mit ihrem feinen Gehör und den großen Augen können sie im Dunkeln so manchem Raubtier aus dem Weg gehen.

An Reptilien leben hier u. a. die Große Sandboa, der Chinesische Wundergecko – ein bunter, nachtaktiver, nur in Zentralasien heimischer Gecko – und der Gobigecko. Geckos sind die „gesprächigsten" aller Echsen und kommunizieren mit Zirp- und Klicklauten. Ihr Name kommt vom malaiischen Wort *gekoq,* das ihre Rufe lautmalerisch nachahmt. Die meisten Geckos haben keine Augenlider, sondern transparente Membranen über den Augen, die sie regelmäßig mit ihrer langen Zunge ablecken müssen, damit sie durchsichtig bleiben.

Folgende Seiten: *Die Sträucher und Gräser der Wüste Gobi sind an die Trockenheit und die extremen Temperaturschwankungen im Tages- und Jahresverlauf angepasst.*

Das Dach der Welt

Das tibetische Hochland wird oft als „Dach der Welt“ bezeichnet und ist mit einer mittleren Höhe von 5000 m die höchste und größte geologische Formation der Erde. Dieses riesige Plateau lenkt die Kräfte des mächtigen asiatischen Monsuns und fungiert als gigantischer Wasserspeicher, der große Mengen an Feuchtigkeit auffängt und sammelt.

Der Himalaja, das höchste Gebirge der Welt, begrenzt China im Südwesten. Zu seinen vielen himmelstürmenden Gipfeln gehört auch der Mount Everest (der auf Tibetisch Chomolungma heißt), mit 8850 m der höchste Berg der Welt und Krönung einer ganzen Ansammlung der welthöchsten Gipfel. Da sich die beiden tektonischen Platten, auf denen China und Indien ruhen, immer noch gegeneinander verschieben, wächst der Everest um geschätzte 4 mm pro Jahr. Er liegt auf der Grenze zwischen Nepal und Tibet.

Der Gipfel wurde mehr als 3000-mal bestiegen – von über 2000 Personen –, und über 200 Menschen haben auf dem Berg ihr Leben gelassen. Dem Vorbild ihrer Väter folgend, erklommen auch die Söhne von Edmund Hillary und Sherpa Tenzing (den Erstbesteigern von 1953) den Gipfel des Everest.

Weitere große Gebirge in China sind z. B. der Gebirgszug Changbai Shan an der Grenze zu Nordkorea (der Name bedeutet: „Die ewig weißen Berge“), das schroffe Tsinlingshan-Gebirge östlich des tibetischen Plateaus mit dem 3767 m hohen Taibai Shan und das Nanshan-Gebirge im Süden, dessen über 1981 m hohe Berge die autonome Region Guangxi gegen die rauen Winde der Gobi abschirmen – und einst vor ungebetenen Gästen wie den Armeen des Han-Reichs schützten.

Die fünf heiligen Berge Chinas

Pilger kommen hierher, um die fünf heiligen Berge zu besuchen, die der Han-Kaiser Wu Di im 2. Jahrhundert v. Chr. heiligsprach. Tai Shan, der daoistische Berg des Ostens, in der Provinz Shandong, ist 1545 m hoch – mit Tausenden uralter, gemeißelter Stufen, historischen Relikten und Steinmonumenten voller Inschriften. Heng Shan Bei, der spektakuläre Berg des Nordens, liegt in der Provinz Shanxi, ist 2017 m hoch und verblüfft mit einem 1400 Jahre alten hängenden Tempel am Rand eines Abgrunds. Hua Shan, der Berg des Westens, in Shaanxi, ragt 1997 m empor und ist nur über einen steilen, gefährlichen Anstieg zu erreichen. Heng Shan Nan, der 1290 m hohe Berg des Südens, in der Provinz Hunan, liegt in eine herrliche Landschaft mit prachtvollen buddhistischen Tempeln eingebettet. Song Shan schließlich, der Berg der Mitte, in der Provinz Henan, ist 1494 m hoch und für seine 72 Tempel auf 72 Berghängen berühmt.

Weitere bedeutende Gipfel sind der stets in Nebel gehüllte Lushan, der in der Provinz Jiangxi hoch über dem Jangtsekiang und den Poyang-See aufragt, und das Jinggang-Gebirge an der Grenze zwischen den Provinzen Jiangxi und Hunan, das als Ausgangspunkt von Maos Langem Marsch im Jahr 1934 berühmt wurde. Der Wudang Shan in der Provinz Hubei ist seit der Ming-Dynastie ein wichtiges Zentrum des Daoismus. Zahlreiche Paläste und Tempel säumen den gewundenen Bergpfad, der zur schimmernden Goldenen Halle führt. Hier entstand auch die Wudang-Schule der Kampfsportart Kung Fu.

Oben: *Das tibetische Hochland – eine Komposition aus Kupfer-, Rauchgrau- und Schneeweißnuancen, aus der sich einsame Gipfel rund 4000 bis 4570 m über den Meeresspiegel erheben.*

Links: *Der Jadedrachen-Schneeberg bei Lijiang, Yunnan, besitzt den südlichsten Gletscher der Nordhalbkugel. Seine 13 gezackten Gipfel ähneln dem Rücken eines liegenden Drachen.*

Links: *Die Nordwand des Mount Everest – der Anstieg über den Nordostgrat von Tibet soll noch schwieriger sein als der über den Südostgrat von Nepal.*

Ganz oben: *Blick vom Rongbuk-Kloster auf die schneeweißen Hänge des Everest. Das höchste Kloster der Welt liegt in der Nähe des Basislagers an der Nordseite des Everest.*

Oben: *Das steinerne Städtchen Nyalam thront am Rande des tibetischen Plateaus in 4000 m Höhe. Es trägt den Spitznamen „Tor zur Hölle", weil die Straße von hier zur nepalesischen Grenze als sehr schwierig und gefährlich gilt.*

Bergwälder und Riesenpandas

Südwestchina ist eine Region der hohen Berggipfel, tief eingeschnittenen Täler und dichten, in Nebel und Wolken gehüllten Bambuswälder. Dies ist die abgeschiedene Heimat von Chinas berühmtestem Tier, dem Großen Panda oder Riesenpanda. Er ist so selten und markant, dass ihn sowohl der WWF *(World Wide Fund for Nature*, ehemals *World Wildlife Fund*) als auch die chinesische Naturschutzorganisation CWCA *(China Wildlife Conservation Association)* als ihr Symbol wählten.

Wild lebt er heute nur noch in den Bergen der Provinzen Sichuan, Gansu und Shanxi in etwa 3000 m Höhe über dem Meeresspiegel. Im Winter steigen Pandas manchmal bis auf etwa 800 m ab, wo es wärmer ist und sie mehr Futter finden. Die Zahlen variieren: Einige Quellen sprechen von nur noch 500 wilden Pandas, andere von 800 bis 1000. Nach einer groß angelegten Zählung und 2004 veröffentlichten Studie schätzt der WWF die Zahl der Pandas in freier Natur auf fast 1600.

Der Große Panda *(Ailuropoda melanoleuca)* ist ein erstaunliches Geschöpf, das einige Gemeinsamkeiten mit den Bären und einige mit den Waschbären aufweist und als eine Unterfamilie der Bären klassifiziert wird. Die Pandas sind etwa 1,2 bis 1,5 m lang und wiegen 75 bis 160 kg. Ihr dicker Pelz ist an Kopf und Körper weiß und an den Beinen schwarz; außerdem haben sie schwarze Ohren und die charakteristischen schwarzen Augenringe. Sie schlafen in Baum- und Felshöhlen, leben die meiste Zeit auf dem Boden, klettern aber auch oft auf Bäume, um zu spielen, in der Sonne zu dösen oder einem Raubtier oder dominanten Artgenossen aus dem Weg zu gehen. Ihre Nahrung besteht aus großen Mengen Bambus – bis zu 18 kg am Tag. Außerdem fressen sie auch andere Pflanzen, Früchte und Kleintiere wie Bambusratten.

Große Pandas sind Einzelgänger und suchen nur in der Paarungszeit Kontakt mit Artgenossen. Sie sind gefährdet, weil ihr Lebensraum schwindet (Bambus blüht nur alle 80 bis 100 Jahre und braucht 20 Jahre, um einen Entwicklungsstand zu erreichen, der eine Pandapopulation ernähren kann). Pandas bekommen nur sehr wenige Junge, die mitunter auch noch Leoparden zum Opfer fallen. China hat inzwischen zwölf Panda-Schutzgebiete mit Bambusbeständen eingerichtet. Korridore sollen den Wechsel von einem Gebiet zum anderen ermöglichen.

Oben: *Der Große Panda kommt nur in China vor und gehört zu den seltensten Tieren der Erde.*

Gegenüber: *Eines von Chinas dichten Bambusdickichten. Pandas brauchen täglich bis zu 18 kg Bambus zum Überleben.*

Gegenüber: *Ein Großer Panda muss rund zwölf Stunden am Tag Bambustriebe knabbern, um genügend Nährwert aus diesem zähen, nährstoffarmen Futter zu ziehen.*

Hintergrund: *Der Mangel an Bambuswäldern schränkt das Verbreitungsgebiet der Pandas stark ein. Mitunter sterben große Bambusbestände nach der Blüte – die nach einer Lebensdauer von etwa 80 Jahren eintritt – einfach ab.*

Die Tier- und Pflanzenwelt der Berge

Der Südhang des Tsinlingshan-Gebirges in Nordchina ist der letzte Ort der Welt, an dem der Nipponibis oder Japanische Schopfibis *(Nipponia nippon)*, einer der seltensten Vögel überhaupt, noch in freier Natur vorkommt. Er wurde seiner langen weißen Brutkleid-Schmuckfedern wegen intensiv bejagt und galt in den 1960er-Jahren schon als ausgestorben, bis man 1981 sieben Exemplare in der Provinz Shaanxi entdeckte. Er lebt auf Bäumen und kommt nur auf den Boden, um in Feuchtzonen nach Fischen, Fröschen, Krebsen und Insekten zu jagen.

Chinas Berge sind auch die Heimat des Schneeleoparden *(Panthera uncia)* – mit seinem dicken, grau-schwarz gefleckten Pelz, der ihm gute Tarnung bietet, wohl die schönste aller asiatischen Wildkatzen. Er springt in Höhen von 2000–6000 m geschmeidig von Fels zu Fels und jagt die Wildschafe im tibetischen Hochland, in Xinjiang, Gansu und der Inneren Mongolei, ist aber so selten geworden, dass er heute unter Schutz steht. Zudem gibt es in den Bergen Braunbären, Wölfe, Steinböcke und den Gobi-Argali *(Ovis ammon darwini)* – ein Riesenwildschaf, dessen Böcke große, gedrehte Hörner tragen.

Goldstumpfnasen leben vor allem in Wäldern (siehe auch Seite 32), huschen aber auch durch die Rhododendrondickichte der zentral- und westchinesischen Hochgebirgsregionen in den Provinzen Yunnan, Guizhou und Sichuan. Diese hohen Lagen sind im Winter schneebedeckt, doch die stämmigen Körper der Affen sind durch ihren langen, dichten Pelz (vor allem um die Schulterpartie) gut gegen die Winterkälte geschützt. In dieser Zeit ernähren sie sich notfalls von Flechten. Sie kommen in Höhen zwischen 1800 und 3000 m vor.

Weitere seltene und bedrohte Arten in diesen Regionen sind die Sichuan-Hüpfmaus, eine große Laubheuschrecke, die seit ihrer ersten Beschreibung 1933 nur ein einziges Mal gesichtet wurde, und die Asiatische Riesenhornisse, die etwa 5 cm lang wird und eine Flügelspannweite von 7,5 cm hat. Die einheimischen Dörfler nennen sie „Yak-Töter", und tatsächlich kann ihr hochgiftiger Stich zumindest für Menschen tödlich sein.

Die scheuen rotbraunen Kleinen Pandas *(Ailurus fulgens)* bewohnen bewaldete Berghänge im südchinesischen Himalaja, wo man sie „kleine Bärenkatzen" nennt. Sie schlafen zusammengerollt in Felsspalten oder hohlen Baumstämmen oder ver-

Oben: *Yaks, in der zahmen Form auch „Grunzochsen" genannt, können bis auf 6000 m Höhe klettern.*

Gegenüber: *Der Kleine Panda ist im Wald zwischen rotbraunem Moos und weißen Flechten bestens getarnt.*

bringen den Tag auf einen hohen Ast gelagert. In der Morgen- und Abenddämmerung werden sie meist wach, um auf Futtersuche zu gehen, wobei sie rasch über den Boden oder von Ast zu Ast huschen. Wie ihre schwarz-weißen Vettern ernähren sie sich hauptsächlich von Bambus, delektieren sich aber auch an Beeren, Früchten, Pilzen, Wurzeln, Eicheln, Flechten und Gras, Eiern und Küken oder kleinen Nagetieren und Insekten. Zum Trinken tauchen sie eine Tatze ins Wasser und lecken sie ab. Erstmals schriftlich erwähnt wurde der Kleine Panda in einer Schriftrolle der Zhou-Dynastie. Der erste Europäer, der den Kleinen Panda beschrieb, war Thomas Hardwicke 1821 – 48 Jahre vor der ersten Beschreibung des Großen Pandas.

Es gibt rund zwölf Millionen Yaks *(Bos grunniens)* in China. Sie leben vorwiegend in den kalten Gebirgsregionen des tibetischen Hochlands und den benachbarten Hochlandgebieten der Provinz Gansu, wo sie im Sommer auf den Bergwiesen grasen und im winterlichen Tiefschnee jeden Strauch abäsen, den sie entdecken können, wobei ihr langes, zottiges Fell mit dichter Unterwolle sie bemerkenswert gut vor den eisigen Minustemperaturen schützt.

15 Scheinmohn-Arten schmücken die Hänge des Himalaja mit ihren zauberhaften blauen Blüten, die das charakteristische Himmels- und Eisblau von Tibet und Yunnan widerzuspiegeln scheinen. Sie werden in der traditionellen Heilkunde eingesetzt und gedeihen am besten an kühlen Wasserläufen, wo ihre zarten Blüten in der Abendsonne schimmern. Auch Magnolien öffnen ihre herrlichen rosa Blütenbecher im Himalaja, während in den Bergen von Sichuan unzählige Venusschuh-Orchideen blühen und wilde Rhododendren die südwestchinesischen Berghänge mit einem spektakulären Blütenteppich bedecken.

Links: *Über 2800 Baumarten gedeihen in Chinas Wäldern, die so erstaunliche Tiere wie Große Pandas, Stumpfnasenaffen und Königsfasane beherbergen. Chinas überwältigende landschaftliche Vielfalt reicht von Bambusdickichten und Tropendschungeln über Gebirge und Gletscher bis zu Korallenriffen und Wüsten. Außerdem umschließt das Land den höchsten Punkt und einen der tiefsten Punkte der Erde. In seinen vielfältigen Lebensräumen sind über zwölf Prozent aller Tier- und Pflanzenarten der Welt beheimatet.*

Unten links: *Die zarten blauvioletten Blüten eines Rhododendrons, der in Gebirgszonen wie dem chinesischen Himalaja heimisch ist. Weitere herrliche Blütenpflanzen, die wir China verdanken, sind die Azalee, die Kamelie, die Gardenie, der Hibiskus, die Chrysantheme und die Strauchpäonie – Chinas Lieblingsblume.*

Oben: *Venusschuh-Orchideen können eisige Temperaturen überleben und erblühen, sobald die Schneedecke abtaut. Viele Arten gedeihen nur in bestimmten Lebensräumen: Der Gold-Venusschuh von Yunnan* (Paphiopedilum armeniacum) *wächst nur auf einem einzigen Höhenzug aus Kalksteinhügeln und -felsen.*

Hintergrund: *Am Huangshan oder Gelben Berg (von der UNESCO als Weltnaturerbe geschützt) treffen die Elemente aufeinander – hier erhebt sich die „Erde" zu hohen Gipfeln und schroffen Felstürmen, von einem Meer aus Wolken und Dunst umspielt.*

Gegenüber: *In Yunnans „Steinernem Wald" recken karstige Kalksteingipfel und -säulen ihre von Wind und Regen geformten Zacken gen Himmel.*

Erde – das Element

Ein einziges Kapitel kann der wunderbaren Formenvielfalt der chinesischen Landschaften, die aus dem Element Erde entstanden sind, kaum gerecht werden – und schon gar nicht den unzähligen Geschöpfen, die sie bevölkern, und den Menschen, die ihre Hügel, Berge, Ebenen und Hochebenen, Wälder oder Dschungel bewohnen. So kann dieses Kapitel nur einen kurzen ersten Eindruck von diesem ungeheuer großen, beeindruckenden und vielerorts unglaublich schönen Land vermitteln.

In der chinesischen Medizin und Kosmologie wird das Element Erde mit Hirse oder Reis, Vieh, Datteln und dem gelben Phönix assoziiert, außerdem mit dem Mund, dem Geschmackssinn und allem Süßen. Darüber hinaus wird es mit Land und Bergen, Wind und Gesang in Verbindung gebracht. Es steht im Zentrum aller Dinge und bietet sich so als idealer Ausgangspunkt unserer Erkundungsreise an, um das Wesen Chinas zu entdecken, seinen innersten Kern – denn die Landschaft bildet das Fundament, auf das sich alles andere gründet.

水

WASSER

China ist eine gewaltige Nation mit weiten Landschaften, schier unendlichen Ebenen und gigantischen Berggipfeln im westlichen Binnenland. Ein großer Teil seines riesigen Territoriums grenzt an die Landmassen anderer asiatischer Länder und an den hoch aufragenden Himalaja. Im Osten und Südosten wird China jedoch von drei Meeren umspült: dem Gelben Meer, dem Ostchinesischen Meer und dem Südchinesischen Meer, alle drei westliche Randmeere des mächtigen Pazifiks.

***Links:** Die Abenddämmerung über den Yangshuo-Gipfeln taucht Fluss und Himmel in märchenhaftes Blau.*

Seefahrerlatein

Viele Seefahrer kehrten mit Geschichten über die Reichtümer und die quirligen Häfen Asiens nach Europa zurück. Selbst wenn sie dabei etwas übertrieben und ausschmückten, vermittelten sie doch einen lebhaften Eindruck von der Faszination des Fernen Ostens und dem besonderen Zauber der chinesischen Welt.

China blieb für die Europäer lange ein verschlossenes Land, bis der berühmte venezianische Kaufmann Marco Polo im späten 13. Jahrhundert als einer der ersten Europäer die Seidenstraße bereiste und bis an den Hof des großen Mongolenherrschers Kublai Khan (Enkel von Dschingis Khan) gelangte. Später entstand ein blühender Handel mit dem Reich der Mitte. Heute noch säumen zahlreiche Häfen die chinesische Küste, von denen Hongkong wohl der berühmteste ist.

Das Gelbe Meer

Dieser große Golf liegt zwischen dem Ostrand des chinesischen Festlands und der Koreanischen Halbinsel. Er ist in Nord-Süd-Richtung rund 1000 km lang und von West nach Ost rund 700 km breit und umspült vor der koreanischen Küste eine Vielzahl kleiner Inseln. Seinen Namen hat das Meer von den gelben Schlammmassen des hier mündenden Huanghe (Gelber Fluss), die sich im seichten Küstengewässer ansammeln. Im Nordosten geht das Gelbe Meer in die Bucht von Korea über, die sich zwischen die chinesische Liaodong-Halbinsel und Nordkoreas Westküste schmiegt. 1904, während des Russisch-Japanischen Kriegs, war das Gelbe Meer Schauplatz einer großen Seeschlacht vor der Shandong-Halbinsel.

Dies ist eine der größten Flachseezonen des Kontinentalschelfs weltweit: Das Meer ist hier nur 70 bis 80 m tief. Es dient als wichtiges Überwinterungsgebiet für Fische und Wirbellose und ist von weiten Wattflächen umgeben, die zahllose Watvögel und große Schwärme von Wintergästen beherbergen. In der Zugsaison machen hier rund zwei Millionen Vögel Station. Die Oberflächentemperatur des Wassers schwankt dramatisch. Trotz einiger warmer Strömungen präsentiert sich das Meer zur Monsunzeit kalt und rau. Im Winter bilden sich in einigen Abschnitten sogar Eisfelder.

Meereslebewesen

In den wärmeren Zonen ernährt sich der seltsam anmutende Dugong, eine weltweit vom Aussterben bedrohte Seekuhart, von Seegras. Seegurken fressen die auf den Meeresgrund sinkenden Abfälle und gelten ihrerseits bei den Chinesen als Deli-

Rechts: *Hongkong bei Nacht, von der Halbinsel Kowloon gesehen. Die Stadt besitzt mit mindestens 7681 Wolkenkratzern die imposanteste Skyline der Welt, auch wenn New York flächenmäßig größer ist.*

katesse. Mächtige Grauwale ziehen durch diese Gewässer, und Lederschildkröten, die größten Schildkröten der Welt, tauchen auf der Futtersuche nach Quallen in große Tiefen. Auch die Unechten Karettschildkröten fressen Quallen und scheinen sogar gegen das tödliche Gift der quallenähnlichen Portugiesischen Galeere immun. Sie bleiben bis zu sieben Stunden unter Wasser und kommen nur für wenige Minuten an die Oberfläche, bevor sie wieder abtauchen. Dann gibt es hier noch Suppenschildkröten, die an Chinas südlichen Stränden brüten, und Echte Karettschildkröten mit schnabelartigen Mäulern.

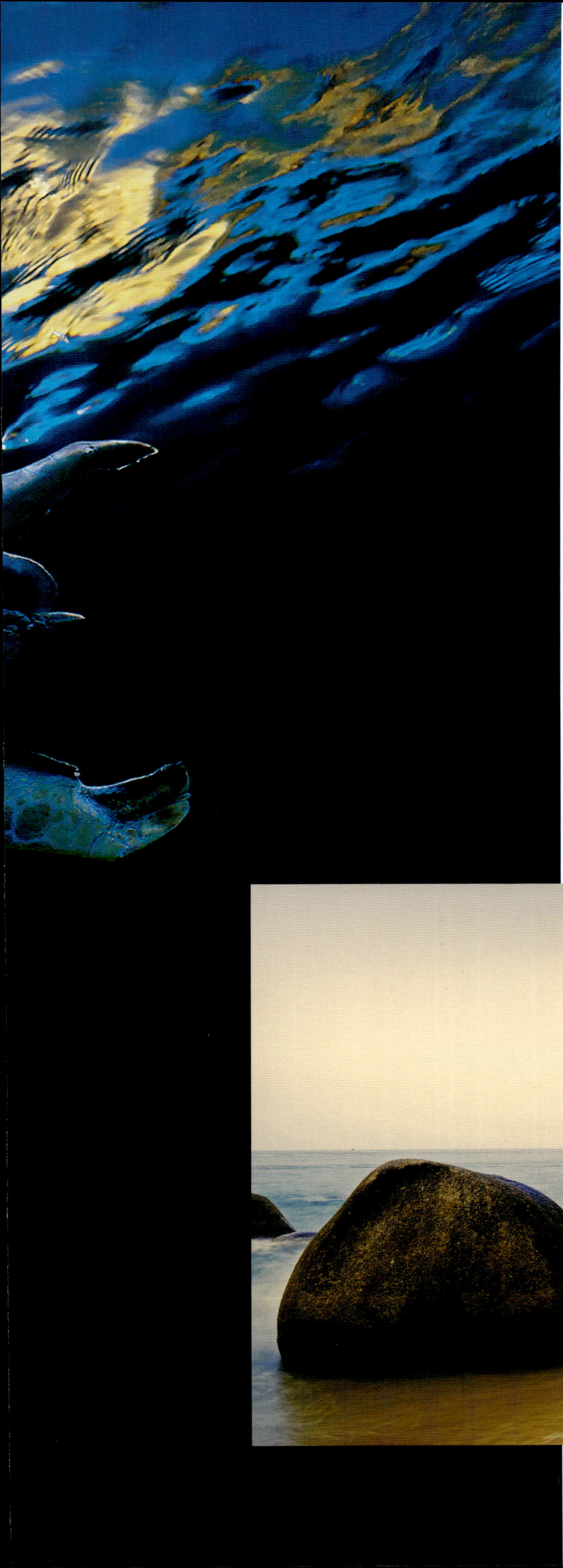

***Links:** Eine Suppenschildkröte auf Tauchstation. Etwa 50 Tage nach der nächtlichen Eiablage am Sandstrand schlüpfen die Jungschildkröten und eilen ins Meer.*

***Unten:** Idyllisches Landschaftspanorama in einer Schlucht des Jangtsekiang. Sein Wasserstand ist seit Baubeginn des Drei-Schluchten-Staudamms 1994 gestiegen.*

***Ganz unten:** Chinesische Inschrift auf einem Meeresfelsen vor der Insel Hainan.*

Das Ostchinesische Meer

Der Jangtsekiang mündet in dieses viel befahrene Gewässer, dessen nördlicher Teil von Inseln und Unterwasserriffen nur so wimmelt. Es erstreckt sich über 1 249 000 km² und ist durch die schmale Taiwan-Straße mit dem Südchinesischen Meer verbunden. Im Nordwesten geht es in das Gelbe Meer über. Der wichtigste Hafen hier ist das pulsierende Shanghai, zugleich Chinas größte Stadt. Der einstige Fischerort wuchs im 20. Jahrhundert zu Chinas bedeutendster Großstadt heran (siehe auch Großstädte, Seite 210). Das Ostchinesische Meer vor seiner Küste hat eine mittlere Tiefe von 350 m. Hier werden u. a. Tintenfische, Thunfische und Degenfische gefangen.

Das Südchinesische Meer und seine Inseln

Nach den fünf Ozeanen ist dies mit rund 3 500 000 km² das größte Meer der Welt. Es wird von einer lebenswichtigen Schifffahrtsstraße durchquert – einer regelrechten Meeresautobahn mit entscheidender Bedeutung für Asiens industrielle Revolution. Das von den Chinesen „Südliches Meer" genannte Gewässer erstreckt sich von Singapur und der Malakka-Straße im Südwesten bis hinauf zur Taiwan-Straße im Nordosten. Es birgt reiche Bodenschätze wie Erdöl und -gas, ist aber auch Gegenstand vieler internationaler Streitigkeiten um Territorialfragen und Ressourcennutzung. Außerdem treiben hier illegale Fischer und Piraten ihr Unwesen. Zahlreiche Riffe, Klippen, Atolle, Untiefen, Sandbänke und über 200 kleine Inseln liegen in diesem Meer verstreut.

Die von den Chinesen unter der Qin-Dynastie (221–207 v. Chr.) entdeckten Inseln des Südchinesischen Meers wurden unter vielen Namen bekannt, u. a. als „Harte Köpfe der tosenden See", Koralleninseln und „Tausend-Meilen-Sandbänke". Heute leben hier nur noch wenige Ureinwohner, doch einige ihrer Häuser stammen noch aus der Zeit der Tang- und Song-Dynastien vom 7. bis 13. Jahrhundert n. Chr. Schon vor langer Zeit dokumentierten die Fischer von Hainan die Fahrtdauer von einer Insel zur anderen, rund 200 Seerouten und ihre Namen für über 100 Inseln. Der berühmte chinesische Admiral Zheng He (siehe Seite 73) passierte die Inseln im 15. Jahrhundert; ein Atoll der Spratly-Inseln ist nach ihm benannt. Diese mindestens seit dem 19. Jahrhundert hitzig umstrittenen und umkämpften Inseln werden heute von der Volksrepublik China als Teil der Provinz Hainan beansprucht.

Unten: *Die Skyline von Shanghai mit dem Oriental Pearl Tower, dem höchsten Turm Asiens und dem dritthöchsten der Welt.*

Gegenüber: *Blick aufs ferne Hongkong – auch diese glanzvolle Metropole war einmal ein kleines Fischerdorf an den türkisfarbenen Wassern des Südchinesischen Meeres.*

Links: *An Chinas östliche und südöstliche Küsten grenzen das Gelbe, das Ost- und das Südchinesische Meer, in denen unzählige Inseln verstreut liegen.*

Ganz oben: *Die silberglänzenden Thunfische in Chinas Meeren sind schnelle, gewandte Schwimmer und erreichen bis zu 70 km/h.*

Oben: *Im Ostchinesischen Meer tummelt sich außer Umberfischen, Makrelen und Heringsfischen auch allerlei anderes Getier wie Tintenfische, Quallen, Garnelen und Krabben.*

Hongkong und Macau

Die Insel Hongkong, vor der Spitze der Halbinsel Kowloon gelegen, wurde erst zur Zeit der Qin-Dynastie in das Kaiserreich China eingegliedert. Sie diente ursprünglich der Fischerei und Landwirtschaft und wurde unter den Tang- und Song-Dynastien zum Handelsplatz und Flottenstützpunkt ausgebaut. Ab 1557 war sie von den Portugiesen besetzt; von 1842 bis 1997 florierte sie als britische Kronkolonie. Heute ist dieser schöne Inselhafen ein bedeutendes Finanzzentrum und Standort der – wie manche meinen – „aufregendsten Stadt unseres Planeten" (siehe auch Seite 222).

Von den vielen Inseln in dieser Region ist Lantau die größte. Die Küste hier ist gewunden und zerklüftet; das smaragdfarbene Wasser umspült viele felsige Landzungen und Inselchen. Traditionelle Pfahlbauten drängen sich an schlammigen Ufern, während es vor der buchtenreichen Küstenlinie von Dschunken, Sampans und Fischerbooten wimmelt.

Beim jährlichen Drachenfest mit Regatta im Juni applaudieren die Zuschauermengen den kunstvoll geschnitzten und bemalten Booten, die zu Ehren von Qu Yuan (ca. 340–278 v. Chr.) um die Wette fahren: Der getreue Bedienstete eines lang vergessenen chinesischen Herrschers war einer von Chinas ersten großen Dichtern. Dazu verspeist man die örtliche Spezialität *zongzi* – in Bambusblätter gewickelte Klebreisbällchen.

Oben: *Containerumladung im Hafen von Victoria, zwischen der Insel Hongkong und der Halbinsel Kowloon.*

Rechts: *Bei Nacht bietet Hongkong mit seiner schimmernden Skyline einen unvergesslichen Anblick.*

Folgende Seiten: *60 km südwestlich von Hongkong verbindet die elegante Macau-Brücke die beiden Inseln.*

Wale in Chinas Gewässern

In Chinas Küstengewässern zeigen sich mitunter Wale, aber sie werden immer seltener. Der mit Seepocken bewucherte Grauwal *(Eschrichtius robustus)* durchstreift den Ozean zwischen der ostrussischen Küste und Südchinas seichten Küstengewässern. Die westliche Population dieser imposanten Meeressäuger, die möglicherweise im Winter im Südchinesischen Meer kalben, ist akut gefährdet: Man schätzt den Restbestand dieser 30 Tonnen schweren Giganten in der Region auf nur noch rund 120.

Auch Kurzflossige Grindwale *(Globicephala macrorhynchus)* sind gelegentlich im Südchinesischen Meer zu beobachten. Sie haben eine charakteristisch gewölbte Stirn und scheinen mitunter in einer Art „Ballett-Formation" zu schwimmen – in Schulen von bis zu mehreren Hundert Individuen, die Jagd auf Fische und saftige Kalmare machen.

Schiffe und Seefahrer

Nach der Entdeckung des ältesten je in China gefundenen Holzboots in der Nähe von Xiaoshan in der Provinz Zhejiang glauben chinesische Archäologen heute, dass die Boots- und Schiffbautradition ihres Landes rund 7500 Jahre zurückreicht. Es handelt sich um ein Einbaumkanu mit Holzpflöcken auf beiden Seiten. Außerdem wurden mehrere Ruder und Holzlatten an der Ausgrabungsstätte entdeckt, wo nach Meinung der Fachleute vor langer, langer Zeit Boote direkt am Flussufer gebaut wurden. Am gleichen Ort wurden auch Relikte aus der Jungsteinzeit, wie Keramik und Jadearbeiten, gefunden.

Die Dschunken entwickelten sich ab der Zeit der Han-Dynastie (206 v. Chr. bis 220 n. Chr.) zu einem der erfolgreichsten Schiffstypen der Geschichte. Manche Historiker glauben, dass diese stabilen Schiffe schon im 3. Jahrhundert n. Chr. Ozeane überquerten. Später inspirierten ihre Segel- und Rumpfformen auch die westlichen Schiffsbauer. An den Masten wurden Flaggen als Glücksbringer gehisst: Einer Sage zufolge verbarg sich ein Drache in den Wolken über dem Meer, dessen Zorn Taifune und Stürme entfachen konnte – bunte Flaggen (vor allem rote) mit chinesischen Schriftzeichen darauf sollten ihn angeblich besänftigen!

Die größten Dschunken waren robust genug, um die Weltmeere zu erkunden: Asienreisende des 15. Jahrhunderts beschrieben gewaltige Schiffe von rund 2000 Tonnen und etwa 120 m Länge. Die größten Schiffe waren wohl die des Admirals

Zheng He (oder Cheng Ho), der vor 600 Jahren durch seine sieben Reisen mit Flotten von 200–300 Schiffen und über 28 000 Mann Besatzung berühmt wurde. Manche Angaben der alten chinesischen Chroniken werden von heutigen Experten angezweifelt, aber er scheint tatsächlich viele Länder in Südostasien sowie Indien, den Orient (u. a. Ägypten) und Afrika angesteuert zu haben. Manche behaupten, er sei sogar um den Globus gesegelt und habe den amerikanischen Kontinent schon 70 Jahre vor Columbus erreicht! Zu seiner Dschunkenflotte gehörten außer dem Flaggschiff des Kommandanten selbst auch Schatzschiffe, die Raum für 1000 Mann Besatzung boten, Pferdeschiffe, die Tributzahlungen und Reparaturausrüstung transportierten, Proviantschiffe, Wassertanker, Kriegsschiffe und Patrouillenboote.

Gegenüber: *Robuste Dschunken wie diese vor dem Hafen von Victoria segelten wohl schon seit 200 n. Chr. über die Ozeane.*

Oben: *William Alexanders Stich von 1796 zeigt den Jin Shan (Goldene Insel) im Jangtsekiang.*

Rechts: *Eine Dschunke läuft in den Hafen von Hongkong ein.*

Im Land der vielen Flüsse

Flüsse hat China reichlich, und wie alles andere in diesem Land der Superlative sind sie groß! Die meisten erstrecken sich über gewaltige Entfernungen, und mehr als 1500 von ihnen haben ein Wassereinzugsgebiet von mindestens 1000 km^2. Das Qinghai-Plateau im tibetischen Hochland ist die Quelle der meisten bedeutenden Flüsse, die aus großer Höhe in die Ebenen hinabfließen. Damit besitzt China ein gewaltiges Wasserkraftpotenzial, doch befürchtet man heute auch Umweltprobleme durch die übermäßige Nutzung dieser Ressource.

Jangtsekiang, Huanghe, Heilong Jiang (Amur), Zhu Jiang (Perlfluss), Liaohe, Haihe und Huaihe strömen in Ostrichtung und münden in den Pazifik. Der Yarlung Zangbo Jiang (Oberlauf des Brahmaputra) fließt in Tibet zunächst nach Osten und wendet sich dann südwärts zum Indischen Ozean. Der Ertix (Irtysch) verläuft von der uigurischen autonomen Region Sinkiang (Xinjiang Uygur) nordwärts zum eisigen Nordpolarmeer. Der Tarim im Süden von Sinkiang ist mit 2179 km der längste der zahllosen chinesischen Binnenflüsse, die in Binnenseen münden oder in Salzsümpfen und Wüsten versickern.

Der Jangtsekiang

Der „Lange Strom“ in Zentralchina ist mit 6300 km Chinas längster Fluss und nach dem Nil und dem Amazonas der drittlängste Strom der Erde. Um seinen Mittel- und Unterlauf erstrecken sich lebenswichtige Agrarlandschaften mit warmfeuchtem Klima, reichlichem Niederschlag und fruchtbaren Böden. Besonders ergiebigen Ackerboden bieten die Deltas des

Jangtsekiang und des Huanghe. Außerdem ist der Fluss ein wichtiger Transportweg: Der Jangtsekiang, der auch als „goldene Wasserstraße" bezeichnet wird, verbindet West und Ost, ist dank seiner tiefen, natürlichen Kanäle gut schiffbar und damit eine unentbehrliche Verkehrsader.

Sein Oberlauf allerdings weist viele scharfe Biegungen auf und stürzt durch Engstellen und schmale Schluchten zu Tal, u. a. durch die berühmten und spektakulären Drei Schluchten (Qutang, Wuxia und Xiling). Dieser Teil der chinesischen Naturlandschaft ist seit einigen Jahren durch die Bauarbeiten am größten Stauwerk der Welt bedroht, das sich 2335 m quer zum Jangtse erstrecken soll. Der 185 m hohe Drei-Schluchten-Staudamm soll 2011 einsatzbereit sein, und über seine ökologischen Auswirkungen wird heftig diskutiert. Der äußerst seltene Jangtse-Flussdelfin war vermutlich das erste Opfer. Seit Jahren wurden nur noch ganz vereinzelt Exemplare in freier Natur gesichtet, bis er 2007 von Wissenschaftlern offiziell für ausgestorben erklärt wurde.

Doch der Fluss nährt immer noch eine eindrucksvolle Artenvielfalt, darunter zahllose Zugvögel und eine vorwiegend endemische Population von 400 Fischarten, wie etwa dem Chinesischen Stör. Der Mittellauf des Jangtsekiang ist eine Ökoregion von globaler Bedeutung und zugleich von großem wirtschaftlichem Wert – mit allen Risiken, die das mit sich bringt. Deshalb ist hier ein heikler Balanceakt gefragt, um die natürliche Tierwelt zu erhalten. Nicht nur die Feuchtgebiete werden die Auswirkungen des Staudammprojekts zu spüren bekommen, sondern auch die Menschen – mehr als fünfeinhalb Millionen Flussanwohner sollen umgesiedelt werden.

Hintergrund: *Kupfergoldener Sonnenaufgang in Yangshuo, wo sich spektakuläre Kalksteinformationen in den stillen Wassern der Flüsse Yulong und Li spiegeln.*

Unten: *Der Jangtsekiang legt sich als silbernes Band um einen Kegelberg.*

Links: *Das Drei-Schluchten-Stauwerk soll das größte Wasserkraftwerk der Welt werden – mit 34 Generatoren und insgesamt 22 500 Megawatt Leistung.*

Unten: *Einige Fischarten des Jangtsekiang sind akut vom Aussterben bedroht; deshalb werden zeitweise Fischereiverbote erlassen, damit sich die Bestände erholen können. Hier gleitet ein einsames Boot übers sanft gekräuselte Wasser.*

Gegenüber: *Schroffe Felswände zu beiden Seiten des Jangtsekiang. Spärliche Vegetation klammert sich an die Wände der zwei Millionen Jahre alten Schluchten Qutang, Wuxia und Xiling.*

Seltene Kraniche und Alligatoren

Die Sümpfe und Moore hier sind ein wichtiges Überwinterungsgebiet für rund 95 Prozent der weltweiten Population des bedrohten Silberkranichs *(Grus leucogeranus)*. Die Vögel balzen mit zurückgelegtem Kopf und zum Himmel gerichtetem Schnabel, indem sie mit den Flügeln schlagen, herumtanzen, sich verneigen, laufen, springen, mit Zweigen und Gras werfen und komplex strukturierte, koordinierte Balzrufe ausstoßen.

Der China- oder Jangtse-Alligator *(Alligator sinensis)* ist vor allem am Mittel- und Unterlauf des Jangtsekiang verbreitet und gehört zu den seltensten Krokodilen der Welt. In den letzten Jahrzehnten ist die Wildpopulation besorgniserregend zurückgegangen – von 3000 Exemplaren in den 1960er-Jahren auf heute schätzungsweise 140 –, und die Art gilt als stark gefährdet. Im Rahmen eines Rettungsprojekts werden Alligatoreier in einem Zuchtzentrum in der Provinz Anhui ausgebrütet; so sind inzwischen etwa 10 000 Jangtse-Alligatoren in Gefangenschaft geschlüpft. Mit ihren langen, scharfen Zähnen knacken sie die Schalen von Schnecken und Muscheln und fressen Fische, Frösche und Ratten, vergreifen sich aber im Gegensatz zu ihrer amerikanischen Verwandten selten an größeren Tieren. Sie leben in Gruppen von zwei bis elf Tieren und graben sich für den Winterschlaf aufwendige Höhlen. Außerdem legen sie „Krokodiltümpel“ an, die sich mit Wasser füllen und in Dürrezeiten für viele andere Tiere überlebenswichtig sind.

Der Gelbe Fluss

Der Huanghe oder Gelbe Fluss in Nordchina ist mit 5464 km Länge Chinas zweitlängster und der weltweit sechstlängste Fluss. Er ist von üppigem Weideland und mineralstoffreichen Böden umgeben. Der Fluss entspringt im Kunlun Shan, einem Gebirgszug in der nordwestlichen Provinz Qinghai. Auf seinem Weg zum Delta am Bo-Hai-Meer durchfließt er neun Provinzen und autonome Regionen und wird dabei von 30 Nebenflüssen und zahllosen Bächen gespeist. In der Nähe von Zhengzhou in der Provinz Henan hat der Fluss eine lange Schlucht durch das Loess-Plateau gegraben. Zur herrlichen Naturlandschaft gesellt sich hier ein reiches Geschichts- und Kulturerbe, denn die

Region, in der das ockergelbe Wasser des großen Flusses weite Ackerflächen bewässert und mit seiner Schlammfracht düngt, ist auch für ihre geistige Fruchtbarkeit berühmt.

Das Flusstal gilt als Wiege der chinesischen Zivilisation, als geistige Heimat des chinesischen Volks. Hier am Ufer des von den Chinesen „Mutterfluss" genannten Stroms entstanden viele Siedlungen der Jungstein-, Bronze- und Eisenzeit. Seit diesen Anfängen der Kultur hat der Fluss unzählige Schriftsteller, Dichter und Künstler und viele Legenden inspiriert. Zu den Sagenhelden jener Zeit gehören Sui Ren Shi, der den Chinesen beibrachte, mit einem Holzbohrer Feuer zu entfachen, und Fu Xi, der erste von Chinas mythischen Kaisern, der Techniken zur Jagd, Fallenstellerei und Fischerei sowie die Schrift ersann. Shen Nong shi wiederum erfand den Ackerbau. So wurde in dieser fruchtbaren Region der Boden für eine lange Reihe von Herrschern bereitet, die die altchinesische Hochkultur zu erstaunlichen geistigen und technischen Leistungen führten.

Die Kehrseite der Medaille: Wenn der mächtige Strom auf seinem Weg durch die nördlichen Ebenen über die Ufer tritt und die hohen Uferböschungen brechen, kommt es immer wieder zu verheerenden Überschwemmungen. Das ist in den letzten 2500 Jahren über 1500-mal vorgekommen, wodurch der Fluss seinen Lauf ungefähr 18-mal änderte und sein Bett allmählich nach Süden verlegte. Viele Menschen ertranken, und die Überlebenden hatten mit Hungersnöten und Seuchen zu kämpfen. 1887 forderte das Hochwasser schätzungsweise 900 000–2 000 000 Menschenleben, 1931 sogar bis zu 4 000 000. Inzwischen wurden zahlreiche Dämme errichtet und andere Schutzmaßnahmen ergriffen, um solche Tragödien zu verhindern. Die Hochwasser hatten nicht immer natürliche Ursachen. Im zweiten chinesisch-japanischen Krieg, 1938, zerstörten nationalistische Truppen die Dämme absichtlich, um rund 54 000 km² Land zu überfluten, wodurch bis zu 900 000 Menschen ums Leben kamen.

Oben: *Chinas zweitgrößter Wasserfall – die prachtvollen gelben Hukou-Fälle am Mittellauf des Huanghe.*

Gegenüber: *Die bedrohten China-Alligatoren schätzen kühle, gemächlich fließende Flüsse, Wasserläufe, Seen und Sümpfe.*

Oben: *Gelb brodelndes Wasser kurz vor der Abbruchkante des Hukou-Wasserfalls.*

Gegenüber: *Bei strengem Winterwetter bildet sich stellenweise eine Eisdecke auf dem Huanghe, so wie hier am Pianguan-Pass.*

Der Perlfluss

Der Perlfluss oder Zhu Jiang fließt 2214 km weit durch Südchina. Sein Delta, einst eine idyllische Agrarlandschaft, ist heute Schauplatz rasanter industrieller Entwicklung und wird auch als „Werkstatt der Welt" bezeichnet, weil hier Millionen elektronischer Kleingeräte, Uhren, Spielzeuge, Bücher, Kleidungsstücke und Textilien produziert werden. Der Strom fließt derweil, von all diesem Trubel unbeeindruckt, weiter zum Südchinesischen Meer, in das er zwischen Hongkong und Macau einmündet.

1657 befuhr der europäische Forschungsreisende Peter Mundy den Zhu Jiang und berichtete: „Die Tümmler hier sind so weiß wie Milch, manche obendrein noch rosig." Was er beobachtet hatte, war der seltene Chinesische Weiße Delfin *(Sousa chinensis)*, eine Art der Buckeldelfine: Die Population entlang der chinesischen Küste ist die einzige mit rosa gefärbter Haut. Einzelne Grüppchen tummeln sich in den Küstengewässern vor Hongkong. Anlässlich der Bauarbeiten am neuen Flughafen wurde eine Kampagne gestartet, um auf ihre bedrohte Situation hinzuweisen. Ein grinsender Delfin wurde zum Maskottchen für Hongkongs Rückgabe an China 1997.

Spezielle Schutzmaßnahmen sollen den Verlust ihres Lebensraums durch die Landgewinnung ausgleichen, und heute leben rund 1000 Exemplare im Zhu Jiang – eine der größten Populationen weltweit. Die neugeborenen Delfine sind zunächst grau und färben sich erst mit der Zeit blassrosa. Die Einheimischen behaupten, die Delfine in der Nähe von Hongkong seien am rosigsten.

Mekong, Yarlung Zangbo und Amur

Der Mekong (auch Mutter der Gewässer, Neun-Drachen-Fluss, Fluss der Felsen und Großer Fluss genannt) entspringt in der chinesischen Provinz Qinghai nahe der Grenze zu Tibet und durchfließt die Provinz Yunnan auf seinem Weg nach Südosten, zum Südchinesischen Meer. Bis zu seiner Mündung in Südvietnam in der Nähe von Saigon (Ho-Chi-Minh-Stadt) erstreckt er sich über 4350 km, rund die Hälfte davon in China. Sein Oberlauf ist voller Steilstufen und Stromschnellen.

Der Yarlung Zangbo entspringt im nördlichen Himalaja in Südwesttibet, am Jima-Yangzong-Gletscher in der Nähe des Kailas, und fließt quer durch Südtibet in einer mittleren Höhe von 4000 m gut 1700 km weit nach Osten, was ihn zum höchsten bedeutenden Strom der Erde macht. Er zwängt sich mit mehreren großen Schluchten durch den Himalaja, bis er an seinem östlichsten Punkt eine gewaltige Schleife um den Namcha Barwa schlägt, wo er den tibetischen Yarlung-Zangbo-Canyon bildet. Er gilt mit 505 km Länge und 6009 m Tiefe als tiefster und größter Canyon der Welt. Der Fluss stürzt hier aus einer Höhe von rund 3000 m auf bloß noch 300 m am Ausgang der Schlucht. Dieser Abschnitt ist ein beliebtes, aber extrem schwieriges Kajakrevier und wird auch „Everest der Flüsse" genannt. Dann strömt der Fluss durch Indien und Bangladesch, wo er Brahmaputra heißt, weiter nach Südwesten und schließlich nach Süden.

Der Amur (oder Heilong Jiang) fließt in West-Ost-Richtung durch Nordostasien. Er entsteht durch die Vereinigung von zwei Flüssen – der Shilka, deren Quelle an den Osthängen des mongolischen Chentej-Gebirges liegt, und des Argun, der auf dem Westhang des Großen Chingang in China entspringt. Die beiden vereinen sich in der chinesischen Provinz Heilongjiang zum eigentlichen Amur, der eine 1600 km lange natürliche Grenze zwischen dem östlichen Russland und dem nordöstlichen China bildet. Der Fluss ist mit insgesamt rund 4340 km – wovon 3100 km durch China fließen – der größte naturbelassene Strom der Welt.

Oben: *Mächtige Ströme und ihre Nebenflüsse schlängeln sich durch die rostrote mongolische Ebene. Viele davon münden in Salzseen oder versickern im ausgedörrten Felsboden der Gobi, doch manche fließen unterirdisch weiter und können durch Brunnen angezapft werden.*

Links: *Im goldenen Licht der untergehenden Sonne legen Fischer ihre Netze im Yarlung Zangbo aus. Er fließt auf seinem Weg durch Tibet auf einer mittleren Höhe von 4000 m und ist damit der höchste bedeutende Strom der Erde.*

Folgende Seiten: *Wolken türmen sich über dem Yarlung Zangbo in Tibet. Der Fluss verläuft von seiner Quelle im Nordhimalaja zuerst rund 1700 km nach Osten, bevor er südwärts ins indische Arunachal Pradesh abknickt.*

Der Kaiserkanal

China nennt einen berühmten „künstlichen Fluss" sein Eigen: Der Kaiser- oder Große Kanal bildet eine direkte Verbindung zwischen Beijing im Norden und Hangzhou in der südlichen Provinz Zhejiang. Die Bauarbeiten an diesem Riesenprojekt begannen schon im 5. Jahrhundert v. Chr. Seine Gesamtlänge von 1747 km verbindet fünf der größten Flüsse (Haihe, Huanghe, Huaihe, Jangtsekiang und Qiantang). Der über 2000 Jahre alte Kanal ist die älteste und längste künstliche Wasserstraße der Welt. Er wurde unter wechselnden Dynastien Abschnitt für Abschnitt angelegt und unter der Sui-Dynastie (581–618) zu einem Ganzen zusammengefasst, was die wirtschaftlichen und kulturellen Kontakte zwischen Nord- und Südchina entscheidend stärkte und die frühen politischen und militärischen Zentren des Nordens mit den Kornspeichern des Südens verband. Im Laufe der Jahrhunderte wurde das Kanalsystem immer weiter ausgebaut und verbessert. Heute bietet eine Fahrt über sein spiegelglattes Wasser eine ideale Gelegenheit, die Landschaft, Uferstädtchen, traditionelle Steinbrücken und eine ganze Reihe historischer Stätten zu bewundern.

Unten: *Der Kaiserkanal in Xitang. Die alte Stadt wird von neun Flüssen durchströmt, über die 104 Brücken führen.*

Gegenüber: *Boote säumen einen schmalen Kanal in einem südchinesischen Städtchen.*

Spektakuläre Wasserfälle

Der mächtige Huangguoshu-Wasserfall (Huangguoshu bedeutet „Baum der gelben Früchte") südwestlich der Stadt Anshun in der Provinz Guizhou ist der bekannteste einer Ansammlung von rund 18 Wasserfällen und mit 74 m Höhe und eindrucksvollen 81 m Breite Chinas (und Asiens) größter Wasserfall. Die drei Hauptfälle heißen Wasserfall-Bündel, Wasservorhang-Höhle und Nashorn-Teich (Xi Niu Tan) – nach seiner gerundeten Form. Am Silberketten-Wasserfall rauschen mehrere Kaskaden in einem Schleier weißer Gischt in die Tiefe.

Der Hukou-Fall (Kesselschnabel-Fall) ist der größte und eindrucksvollste gelbe Wasserfall der Welt und im Mittellauf des Huanghe (Gelben Flusses) im Bezirk Yichuan der Provinz Shaanxi gelegen. Hier stürzt das Wasser in einem brodelnden, donnernden Schwall von Schaum und Gischt 30 m in ein tiefes Flussbett hinab. Sprühnebel steigt auf, der Fluss scheint zu dampfen, und das Sonnenlicht malt unzählige Regenbogen in leuchtenden, durchscheinenden Farben.

Ein weiterer großer Wasserfall ist der 68 m hohe Changbai-Wasserfall im nordöstlichen Changbai-Gebirge, an der Grenze zu Nordkorea. Dieser höchste vulkanische Wasserfall der Welt ist am imposantesten, wenn der Schnee im Gebirge schmilzt. Der Detian-Fall in den Bergen der Provinz Guangxi liegt genau an der Grenze zu Vietnam und wurde im chinesisch-vietnamesischen Krieg von den chinesischen Truppen als Grenzübergang genutzt. Ganz in der Nähe befindet sich die Tongling-Schlucht mit ihrer einzigartigen Pflanzenwelt und Felshöhlen, die einst einheimischen Wegelagerern als Unterschlupf und Beutelager dienten. Der 40 m breite Diaoshuilou-Pubu-Fall am Nordende des Jingpo-Sees in der Provinz Heilongjiang ist besonders eindrucksvoll nach ergiebigen Sommerregen und im Winter, wenn die kleineren Kaskaden zu einem Eisvorhang erstarren.

Der Pearl-Shoal-Wasserfall in Jiuzhaigou, im Westen der Provinz Sichuan, ist ein wunderschöner, halbmondförmiger Fall von 28 m Höhe und 310 m Breite. Der Yarlung Zangbo besitzt gleich drei große Wasserfälle. Der größte davon heißt „Die verborgenen Fälle" – er wurde im Westen erst 1998 bekannt, als ein Kajakteam bei der Erkundung des Yarlung-Zangbo-Canyons auf ihn stieß.

Gegenüber: *Ein breiter Wasservorhang ergießt sich über die Absturzkante des Pearl-Shoal-Wasserfalls im Jiuzhaigou-Tal.*

Unten: *Besucher bestaunen den gewaltigen Huangguoshu-Fall.*

Chinas Seen

China hat über 270 550 km² an Binnenseen und -wasserstraßen. Die meisten davon liegen in den Ebenen rund um den Mittel- und Unterlauf des Jangtsekiang und auf dem Qinghai-Tibet-Plateau. Dazu gehören Süßwasserseen wie Taihu und Hongze und die beiden größten – Dongting Hu und Poyan Hu – mitten in der Jangtse-Ebene. Der Poyang-See im Norden der Provinz Jiangxi ist mit einer Fläche von 3583 km² Chinas größter Süßwassersee. Bedeutende Salzseen sind Nam Co, Siling Co und der gewaltige Qinghai Hu (Blauer See) im Nordosten der Provinz Qinghai mit 5694 km² Fläche. Er gehört zu den höchstgelegenen Binnen-Salzseen des Landes und beherbergt eine reiche Fischpopulation sowie große Vogelschwärme auf seinen Inseln. Er ist der größte abflusslose Gebirgssee in Zentralasien.

Die ausgedehnten Überschwemmungsebenen rund um den Jangtsekiang sind Lebensraum von über 300 Vogelarten, darunter bedrohte Zugvögel wie Kraniche und Störche. Außerdem sind hier 200 Fisch-, über 84 Säugetier-, 60 Amphibien- und 87 Reptilarten heimisch. Das 4000 km² große Naturschutzgebiet des Dalaihu (Hulun Nor) umgibt Chinas viertgrößten Brackwassersee. Seine Sumpfzonen und Schilfgürtel sind Brutgebiet für Mandschureikraniche, Haubentaucher, Schwarzschnabelstörche und Gobi-Schwarzkopfmöwen.

Leider haben sich durch rund 50 Jahre intensiver Landgewinnung und den Bau zahlreicher Dämme, Deiche und Polder Ackerland und Siedlungsgebiete bis in ehemalige Auenlandschaften und Seen ausgedehnt: Die damit verbundene Zerstückelung der natürlichen Lebensräume gefährdet die Zukunft vieler seltener Arten.

Der Himmelssee, ein zwei Millionen Jahre alter Vulkankrater auf dem höchsten Gipfel des Changbai an der chinesisch-koreanischen Grenze, ist mit 9,82 km² der größte Vulkansee Chinas. Er liegt in einer Höhe von 2150 m und ist im Winter völlig abgeschnitten. Hier befindet sich Chinas größtes Naturreservat in einem der wenigen dichten Waldgebiete des Landes. Es dient als Zuflucht für den überaus seltenen Sibirischen Tiger, von dem nicht einmal mehr 20 Exemplare in China leben.

Der vor 200 000 Jahren entstandene Kanas-See im uigurischen autonomen Gebiet Sinkiang ist mit 184 m Tiefe Chinas tiefster Süßwassersee. In seiner Umgebung gedeihen fast 800 Pflanzen- und 117 Vogelarten. Die sibirischen Taigawälder, die sich bis in die Kanas-Region erstrecken, beherbergen verschiedene subarktische Tierarten. Außerdem leben in der Region über 1400 Tuwinen, deren Vorfahren vor über 1000 Jahren aus Sibirien hierher kamen, um als Nomaden mit Herden von Ziegen, Schafen, Kamelen, Rentieren und Yaks durchs Land zu ziehen, wobei sie in traditionellen Filz- oder Rindenjurten oder fellbespannten Kegelzelten wohnten.

Heute ist der Kanas-See für sein überwältigendes Farbenspiel berühmt, das – je nach Wetterlage und Tageszeit – von Türkis über Grün, Tiefblau und Schiefergrau bis zu Sonnenuntergangsrosa reicht. Der Sage nach soll in diesem See eine Gruppe grauer glatter Geschöpfe mit Seehundflossen leben – eine Art chinesischer Loch-Ness-Ungeheuer. Angeblich schwimmen diese Fabelwesen paarweise nebeneinander, peitschen das Wasser auf, bis es schäumt, und hinterlassen zu guter Letzt nur ein paar Kräuselwellen.

Unbedingt erwähnenswert ist auch der Westsee bei Hangzhou in Ostchina mit seinen eleganten Brücken und Pavillons vor idyllischer Bergkulisse. Im Laufe der Jahrhunderte hat er viele Dichter und Künstler inspiriert: Der Dichter Su Shi verglich seinen sanften Zauber mit dem von Xi Shi, einer der vier Schönheiten der chinesischen Mythologie.

Links: *Der Westsee von Hangzhou mit seiner spiegelglatten Wasserfläche vor dunstverhüllten Bergen war in alter Zeit ein beliebter Erholungsort der chinesischen Kaiser.*

Gegenüber: *Tibets kristallklarer, blauer Nam Co ist der höchstgelegene Salzsee der Welt und wurde 2005 zu einem der fünf schönsten Seen Chinas gekürt.*

Links: *Die Spiegelwirkung des Wassers gehört zu seinen faszinierendsten Eigenschaften. Hier erglänzen die Stufendächer einer Pagode im gleichen Abendrosa, das sich im Wasser darunter spiegelt.*

Hintergrund: *Unter dem weiten mongolischen Himmel dehnen sich gewaltige Ebenen und Wasserflächen bis zum fernen Horizont. In dieser einsamen Region sind häufig spektakuläre Sonnenuntergänge in traumhaften Orange- und Rosatönen zu beobachten.*

Tiere und Pflanzen der Feuchtgebiete

Durch Chinas Feuchtgebiete stolzieren zahlreiche Kraniche: Von weltweit 15 Kranicharten sind acht in China vertreten. Diese eleganten Vögel haben die Maler, Musiker, Dichter, Tänzer, Stickkünstler und Bildhauer von jeher inspiriert. Der Kranich ist ein Symbol für Langlebigkeit, Glück und Würde, doch in der Natur ist er heute leider durch Umweltverschmutzung, Jagd und Zerstörung seiner Lebensräume gefährdet. Deshalb hat die chinesische Regierung inzwischen mehrere Naturreservate eingerichtet, um diese schönen Vögel zu schützen.

Der Mandschureikranich *(Grus japonensis)* ist der zweitseltenste Kranich der Welt und gilt als Symbol für Glück, Würde und Treue. Die Population in freier Wildbahn wird auf unter 2000 Individuen geschätzt. Der 140 cm große Kranich fliegt über große Entfernungen, bevor er sich in schilfbewachsenen Feuchtgebieten niederlässt, wo er sich von Fischen, Würmern und Fröschen ernährt. Im Frühling brüten viele dieser Kraniche am Mittel- und Unterlauf des Nen Jiang in Sumpfgebieten, die zum Zhalong-Naturreservat gehören. Im Winter sind sie an Seen und Sümpfen des unteren Jangtsekiang anzutreffen.

Die seltenen Schwarzstirn-Löffler *(Platalea minor)* werden etwa 1 m groß. In der Deep Bay bei Hongkong, einem ihrer Hauptüberwinterungsgebiete, nahm ihre Zahl in den letzten Jahren wieder zu. Die weltweite Population wird auf um die 1000 geschätzt, was schon eine erhebliche Verbesserung gegenüber den schätzungsweise 288 Individuen der späten 1980er-Jahre darstellt.

Der Chinesische Kaskadenfrosch *(Amolops tormotus)* zwitschert und flötet Melodien von solcher Bandbreite und Komplexität, dass sie es mit den Lautäußerungen von Vögeln, Primaten oder sogar Walen aufnehmen können. Sein außerordentlich reichhaltiges und vielfältiges Lautrepertoire mit Senkungen und Hebungen und erstaunlichen Ultraschallfrequenzen erzeugt er mit zwei Paar Kehlsäcken.

Der Chinesische Riesensalamander *(Andrias davidianus)* lebt in klaren, unverschmutzten Bächen und Flüssen in 1000 bis 2500 m Höhe. Diese größten Salamander der Erde können bis zu 1,8 m lang werden, doch die meisten bleiben wesentlich kleiner. Ihre dunkle, raue Haut ist voller Poren, die der Hautatmung dienen, da ihnen die Kiemen fehlen. Ihre kleinen, lidlosen Augen sitzen oben auf dem breiten, flachen Kopf.

Die prachtvolle Drachen- oder Schlangenwurz blüht in Hochmooren und Sümpfen Nordostchinas auf bis zu 1100 m Höhe. Ihre gelblichen Blütenkolben sind von einem schneeweißen Hochblatt umgeben.

Unten: *Mandschureikraniche, die zweitseltenste Kranichart der Welt, bei einem Fischzug.*

Gegenüber: *Die Drachenwurz gedeiht in Chinas Sümpfen.*

***Links:** Die in ganz China verbreiteten Seerosen gehören zur Gattung* Nymphaea, *deren Name von einem griechischen Wort für weibliche Wasser- und Baumgeister abgeleitet wurde.*

***Oben:** Lotossamen und -wurzeln werden in der chinesischen Küche verwendet, während die Blüten als Sinnbilder der Reinheit, Fruchtbarkeit und Erleuchtung gelten.*

__Unten:__ Außer 20 Millionen Jahre alten fossilen Überresten von Karpfen entdeckte man in China auch die erste schriftliche Erwähnung des Koi, einer ihrer prächtigen Farben wegen begehrten Zierkarpfenart. Goldfische werden hier ebenfalls seit Jahrhunderten als Zierfische in Teichen gehalten.

Wasser – das Element

In der chinesischen Elementenlehre steht das Wasser für Einsamkeit, Abgeschiedenheit, Selbstbesinnung, Philosophie, Geheimnis, Wahrheit, Ehrlichkeit, Ängstlichkeit, Nervosität und Unsicherheit. Es spielt eine wichtige Rolle sowohl in der Philosophie als auch im Landschaftsbau. Viele chinesische Gärten haben einen zentralen Teich und mehrere Wasserläufe, wobei die Sanftheit des Wassers mit der Härte des Steins kontrastiert und die Teichoberfläche den wechselhaften Himmel spiegelt. Karpfen und Goldfische gehören zum Konzept des beruhigenden Wassergartens.

Fengshui bedeutet wörtlich „Wind-Wasser", und für die Chinesen spielen Brunnen und ähnliche Gestaltungselemente auch im Haus eine wichtige Rolle. Fließendes Wasser gilt als Verkörperung der positiven Energie und soll, richtig platziert, Überfluss und Reichtum ins Heim oder an den Arbeitsplatz bringen. Von allen Elementen wird Wasser am stärksten mit Reichtum assoziiert. Das ist nicht weiter verwunderlich, denn schließlich ist das Wasser Lebensspender und -bewahrer und der Urquell alles Lebens, das auf unserem Planeten gedeiht.

Oben: *Jadegrün schimmerndes Wasser im Park des Schwarze-Drachen-Teichs im bezaubernden Lijiang.*

Links: *Goldkarpfenteich, Wasserfall, Farne und Felsen bilden eine idyllische Gartenlandschaft.*

火

FEUER

In der chinesischen Astrologie gehört Feuer zu den Grundelementen und wesentlichen Energieformen. Alle fünf Elemente befinden sich in einem Zustand stetiger Veränderung, beeinflussen sich gegenseitig und gehen ineinander über. Feuer ist von zentraler Bedeutung – es wärmt uns und ermöglicht das Garen von Speisen. Die Kontrolle über das Feuer steht für den Intelligenzgrad – der Mensch gilt erst als richtiger Mensch, seit er Werkzeuge herstellt und Feuer macht!

Links: *Für Chinesen symbolisiert Rot das Feuer und den Süden und wird mit Hochzeiten sowie mit Tugenden wie Mut, Loyalität, Wohlstand, Fruchtbarkeit, Leidenschaft und Glück in Verbindung gebracht.*

Die Bedeutung des Feuers

In China denkt man bei Feuer an den Planeten Mars, die Farbe Rot und an Wärme. In der chinesischen Astrologie steht Feuer für Stärke, Dynamik, Beständigkeit, Ruhelosigkeit und Erregung. Menschen, die in einem Feuerjahr geboren sind, gelten als starke Führungspersönlichkeiten, geschickt in der Selbstdarstellung, entschlussfreudig und positiv, es sind herzliche Menschen, die das Abenteuer und Neuerungen lieben. Außerdem glaubt man, dass das Feuer das Herz regiert.

Für dieses Kapitel ist es daneben von zentraler Bedeutung, dass Feuer inspiriert und die Fantasie anregt sowie die praktische Anwendung der menschlichen Kreativität fördert.

Kreativität und Kultur

Der Begriff Kreativität bezieht sich auf alles Menschengemachte und umfasst damit alles, wodurch die Menschen sich ausdrücken. Daher konzentriert sich dieses Kapitel auf die menschliche Natur und auf unsere Fertigkeiten und Freuden, ob sie über Kultur und Feste, Kunst oder Religion Ausdruck finden oder einfach durch das Drachensteigen!

Chinas Kultur hat sich im Laufe seiner langen Geschichte permanent fortentwickelt und fand über sechs Jahrtausende zahlreiche Ausdrucksformen. Als eins der frühsten Zentren menschlicher Zivilisation kann sich China eines Schriftsystems rühmen, das von allen auf der Welt am längsten kontinuierlich in Gebrauch ist. Traditionell gilt die Xia-Dynastie (2033–1562 v. Chr.) als die erste Dynastie und Funde aus der frühen Bronzezeit in der Provinz Henan scheinen das zu bestätigen. Mit Beginn der zweiten Dynastie, der Shang-Dynastie (1562–1066 v. Chr.), tauchen eindeutige Beweise für Siedlungen entlang dem Huanghe in Ostchina auf. Von da an häufen sich die historischen Fundstücke. 221 v. Chr. kam die Qin-Dynastie an die Macht – in dieser Periode wurden die Rolle des Kaisers sowie eine standardisierte chinesische Sprache festgelegt.

Die chinesische Kultur umfasst ein breites Spektrum an Kunstformen und -stilen, die alle den besonderen Geist des Fernen Ostens atmen, ob es sich nun um Malerei, Bildhauerei, Musik, Tanz, Oper oder Zirkus handelt.

Natürlich spielt auch die Architektur eine wichtige Rolle in der Entwicklung der Selbstdarstellung einer Nation. Dieses Thema wird im letzten Kapitel dieses Buches *(Metall)* behandelt; an dieser Stelle sei daher nur gesagt, dass Städte, Gebäude, Häuser, Gärten und die Gestalt unserer Lebensumstände stets bedeutende Elemente der kulturellen Entwicklung darstellen und dass Chinas Architekten zahlreiche außerordentliche Bauformen entwickelt haben. Sie reichen von erlesen geschmückten Pagoden bis zu den dramatischen Formen der Wolkenkratzer, die heute viele Skylines beherrschen, besonders die von Hongkong und von Shanghai.

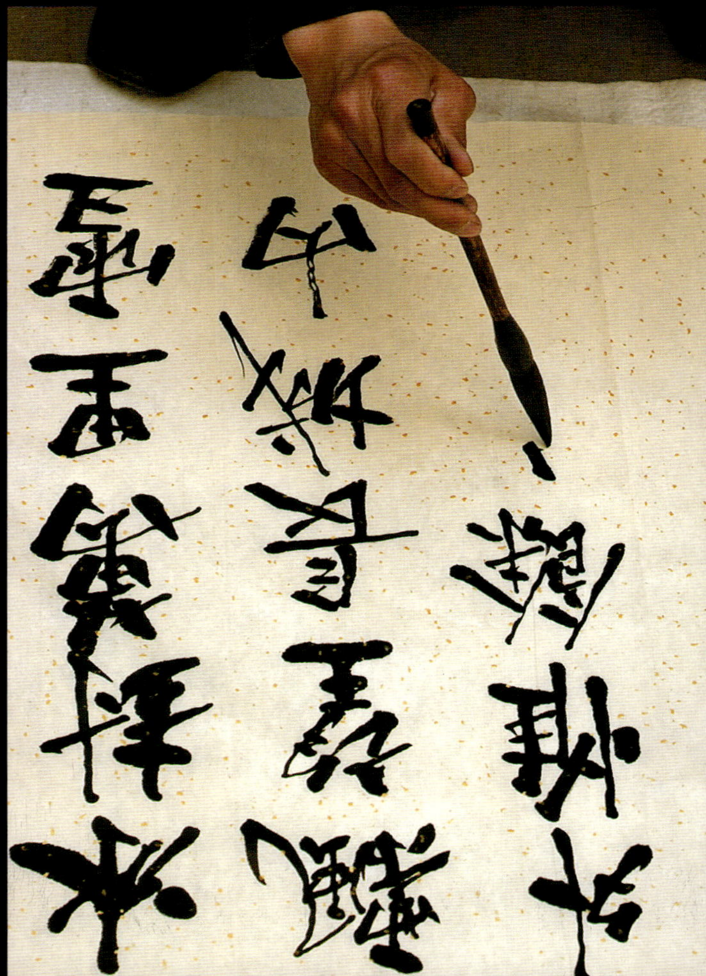

Oben: *In über 4000 Jahren hat sich die chinesische Kalligrafie als kultivierte Kunstform und Kommunikationsmittel entwickelt. Selbst der Reihenfolge der Striche, aus denen die Zeichen entstehen, wird große Bedeutung zugemessen.*

Gegenüber: *Das abgeklärte Gesicht einer alten Buddha-Skulptur. Der Entdecker Marco Polo brachte als Erster Berichte über die prachtvolle Kunst und Architektur Chinas nach Europa.*

Oben: *Der Longhua-Tempel in Shanghai mit seinem hübschen Springbrunnen und der herrlichen siebenstöckigen Pagode aus der Song-Periode, die an jeder Traufe eine Bronzeglocke trägt.*

Rechts: *In Beijings Verbotener Stadt finden sich zahlreiche Tierskulpturen wie Drachen, Phönixe – und Löwen. Als König des Tierreichs steht der Löwe für majestätische Stärke.*

Chinesische Kunst

Die Neusteinzeit war geprägt von Keramik und Jade, die Shang-Dynastie (1562–1066 v. Chr.) von verzierten Bronzegussarbeiten. Jede der nachfolgenden Dynastien wurde von großen Denkern und Lehrern ihrer Zeit stark beeinflusst. Insbesondere Bronze wird mit der chinesischen Kultur verknüpft und diente den Bildhauern zur Erschaffung zahlreicher Meisterwerke, darunter auch Trinkgefäße in Tierform. Das erste primitive Porzellan tauchte um 600 n. Chr. auf und die Herstellung dieses Materials entwickelte sich schließlich zu einem derart hochverfeinerten Prozess, dass in Großbritannien der Begriff *china* zum Synonym für prächtiges Porzellan wurde (siehe auch Seite 126).

Das 4. bis 8. Jahrhundert war die Blütezeit der buddhistischen Kunst. Kalligrafie und Malerei traten in den Mittelpunkt; viele Arbeiten wurden auf Seide gefertigt, auch noch nach der Erfindung des Papiers. In der Sui- und der Tang-Dynastie zwischen 581 und 907 n. Chr. florierten buddhistische Architektur und Bildhauerei unter dem Einfluss der indischen Kunst der Gupta-Periode, während in der Song-Dynastie (960–1279) ausdrucksvolle Landschaftsgemälde entstanden, die mit verschwommenen Konturen überzeugend Entfernung darstellten.

In der Ming-Dynastie (1368–1644) erschloss man sich in Malerei und Druck eine breitere Farbpalette. Einfache Kompositionen wurden von detailreicheren abgelöst. Während der späten Qing-Dynastie (1644–1911) erreichte die traditionelle chinesische Kunst ihren Höhepunkt. Heute schöpft die chinesische Kunst moderne Techniken aus, steht aber häufig noch immer unter dem Einfluss traditioneller Techniken. Mit dem Eindringen westlicher Strömungen entstand nach und nach eine neue Form des Realismus. Heute sprechen die chinesischen Künstler eine ganz und gar internationale Sprache.

Gegenüber: *Die stilisierten Frauenfiguren in diesem alten chinesischen Fresko sind in zarten Braun- und Blautönen gearbeitet. Freskomalerei erfordert Geschwindigkeit und Schlichtheit, da die Pigmente rasch in den Untergrund eindringen.*

Unten: *In der traditionellen chinesischen Architektur wurde jede Fläche eines Gebäudes dekoriert. Hier zieren strahlende Blau- und Türkistöne mit rosa-weißen Blütenmotiven Kreise, Segmente und Kurven an der bemalten Holzdecke eines alten Pavillons in Beijing.*

Musik und Unterhaltung

In der frühen chinesischen Musik wurden bis zum Aufkommen der Saiten- und Rohrblattinstrumente überwiegend Schlaginstrumente gespielt. Die ersten chinesischen Opern entstanden während der Song-Dynastie in der Nähe des heutigen Shanghai, aber erst die Qing-Dynastie (1644–1911) förderte im 18. Jahrhundert den Aufstieg der berühmten Peking-Oper. Diese bekannteste Form der chinesischen Oper bietet eine farbenfrohe Mischung aus Musik, Pantomime, Sprache, Tanz, Gesang, Akrobatik und Kampfkunst. Die Kanton-Oper entstand später.

Der traditionelle chinesische Tanz hat seine Wurzeln im Militär – früher trugen die Tänzer Waffen und bewegten sich als koordinierte Gruppe. Daraus entwickelten sich zunächst militärische Übungen, später wurde der Tanz zu einem Symbol für Schönheit und Freude und bezog Elemente lokaler Volkstänze mit ein. Chinas zeitgenössische Tanz- und Ballettstile basieren häufig noch auf traditionellem Tanz, chinesischer Oper und der Kampfkunst Kung-Fu.

Die Kunstformen des Puppenspiels und des Schattentheaters werden in China hoch geschätzt. Schattenspiele tauchten erstmals in der Han-Dynastie auf, als sie Kaiser Wu (Regierungszeit 141–87 v. Chr.) nach dem Tod einer seiner Lieblingskonkubinen aufheitern sollten. Ihre Gestalt wurde aus Leder nachgebildet und im Schein einer Öllampe schien ihr Schatten zum Leben zu erwachen. Im 13. Jahrhundert unterhielten Schattenspiele die mongolischen Truppen, wenn sie sich in ihren Baracken vom Dienst ausruhten, und verbreiteten sich mit den militärischen Eroberungen der Mongolen über Arabien, Persien und die Türkei. Die erzählten Geschichten bestanden oft aus buddhistischen Erzählungen oder beschrieben Kriegstaten. Heute zeigen Schattenspiele in der Regel traditionelle Märchen. Der Puppenkopf wird nachts stets abgenommen – und oft getrennt verstaut –, um das Risiko zu vermeiden, dass die Puppen im Schutze der Dunkelheit zum Leben erwachen!

Zur Unterhaltung gehören in China auch Clowns und Akrobaten. Erste Aufzeichnungen über den Zirkus reichen über 2000 Jahre bis in die Qin-Dynastie (221–207 v. Chr.) zurück, aber seine Ursprünge liegen zweifellos noch weiter in der Vergangenheit. Möglicherweise hat er sich aus lokaler Volkskunst oder der Unterhaltungskunst am kaiserlichen Hof entwickelt. Rund 250 Zirkustruppen treten heute in China auf und gehen häufig auch im Ausland auf Tournee; die bekannteste ist der Chinesische Staatszirkus. Der traditionelle chinesische Löwe, ein Glückssymbol, tanzt schon seit Jahrtausenden. Er ist nicht nur im Zirkus zu finden; Löwen und Drachen ziehen auch in der Neujahrsparade mit, tauchen bei der Weihe von Tempeln, in religiösen Riten sowie bei Pflanz- und Erntefesten auf, ebenso bei der Einweihung wichtiger Gebäude oder Geschäftseröffnungen – eigentlich zu fast jeder Feierlichkeit.

Links: *Die chinesische Akrobatik entstand um das 4. Jahrhundert v. Chr. als beliebte Unterhaltung für das einfache Volk.*

Gegenüber: *Ein Darsteller der Peking-Oper mit stilisiertem Make-up und prächtigem Kostüm und Kopfschmuck.*

聖旨

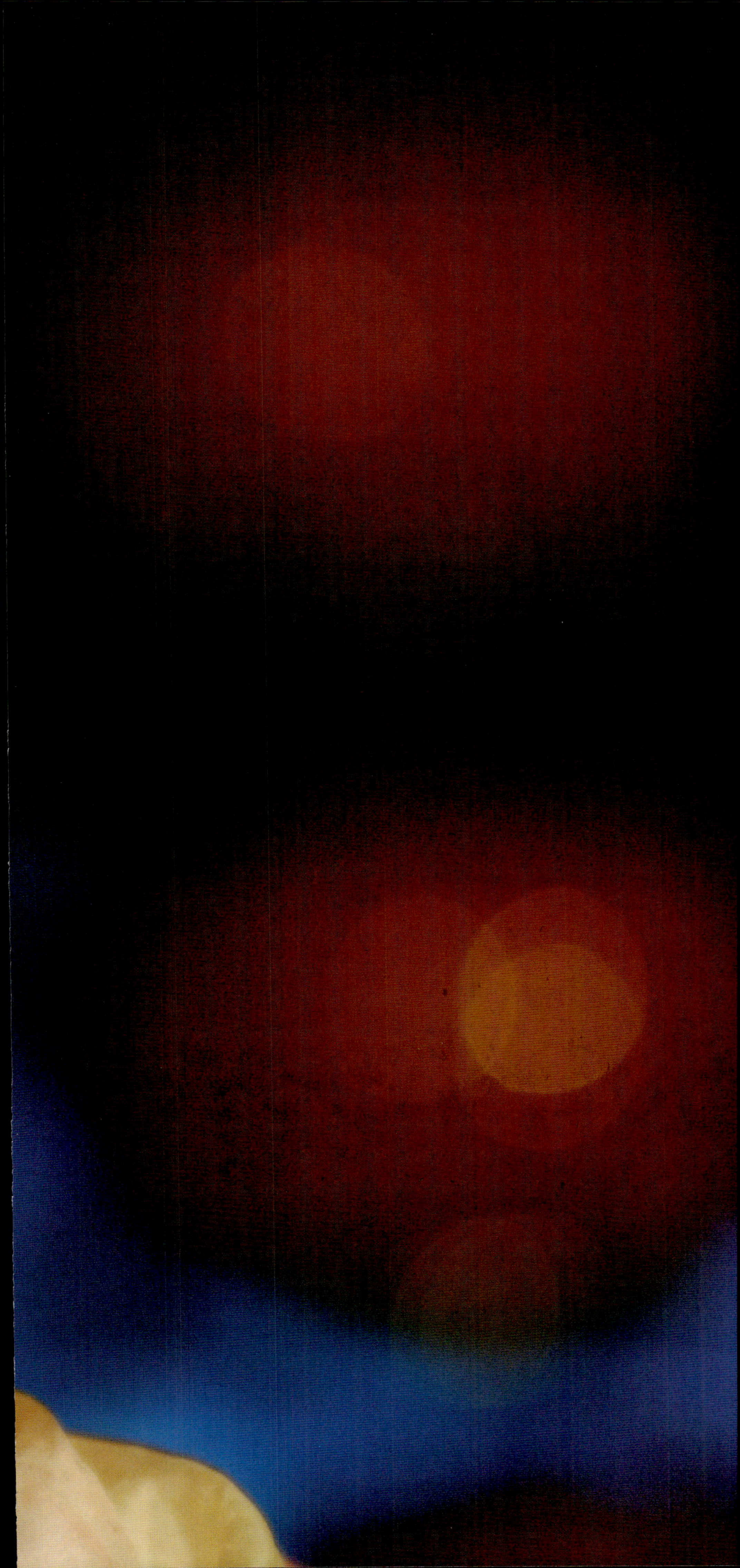

Links: *Ein Sänger der Peking-Oper muss eine lange Ausbildung durchlaufen, um die zahlreichen geforderten Fertigkeiten zu meistern. Zuerst erhält er eine Ausbildung in Akrobatik, dann in Gesang und Gestik. Aus manchen Schülern werden Musiker und keine Darsteller. Früher wurden alle weiblichen Rollen* (dan) *von Männern gespielt.*

Hic sunt dracones

Ohne Drachen geht es nicht! Manchmal werden auf besonderen Paraden gewaltige Papiermodelle gezeigt. Flugdrachen steigen bei Festen in den Himmel, drachenförmige Boote treten im Rennen gegeneinander an und zahllose Legenden feiern die mächtigen Geschöpfe mit dem feurigen Atem. Ein typischer chinesischer Drache ist eine gewundene, geschuppte Kreatur mit Hirschgeweih, Kamelkopf, Teufelsaugen, einem schlangenähnlichen Hals, einem großen, muschelförmigen Bauch, Karpfenschuppen, Adlerklauen, Tigerpranken und Ochsenohren.

Im Gegensatz zu seinem westlichen Verwandten verkörpert der chinesische Drache das Gute und nicht das Böse. Er wehrt umherziehende böse Geister ab, bringt Wohlstand und Glück und steht für Größe, Güte und Segnungen. Er gilt als weise, aber auch als eitel, beherrscht das Wetter und fließende Gewässer – Wasserfälle, Flüsse und Seen – und kann als Wasserhose oder Tornado in Erscheinung treten. Er kann Fluten teilen und umlenken, wenn er jedoch verärgert ist, wirkt er zerstörerisch und beschwört Überschwemmungen oder Dürre herauf. Manchmal rollt er sich an Land zusammen und bildet so Berge.

***Oben:** Chinesische „Drachenknochen" wurden häufig als traditionelle Medizin verkauft, wahrscheinlich handelte es sich dabei jedoch um Dinosaurierfossilien.*

***Gegenüber:** Dieser gemeißelte Drachen im Kaiserpalast in Beijing zeigt überlappende Schuppen, gekräuselte Barthaare, scharfe Reißzähne und schwere, grüblerische Brauen.*

Der erste legendäre Kaiser Huang Di (* 2704 v. Chr.) soll als Drache unsterblich geworden sein und da die Chinesen ihn als Urvater betrachten, nennen sie sich manchmal die „Nachfahren des Drachen". Der chinesische Drache ist seit Huang Dis Zeiten ein Symbol kaiserlicher Macht, insbesondere gelbe oder goldene mit fünf Klauen an jedem Fuß. Kaiser hatten angeblich drachenförmige Muttermale, ihr Thron wurde Drachenthron genannt und die Menschen glaubten, dass der Kaiser sich in dieses Wesen verwandeln konnte, das man so häufig als Schnitzerei an Treppenläufen, in Kaiserpalästen und auf Gräbern findet. Auch auf der Nationalflagge der letzten Dynastie, der Qing-Dynastie (1644–1911), findet sich ein Drache.

In vielen Städten stehen Pagoden, wo die Menschen traditionell Räucherwerk verbrannten und zu den Drachen beteten. Das Feuer speiende Wesen flößt den Chinesen seit jeher solchen Respekt ein, dass der entstellende oder unangemessene Gebrauch eines Drachenbildes noch heute Empörung hervorruft. Das alle 12 Jahre wiederkehrende Jahr des Drachen gilt als besonders glückbringend. In diesem Jahr geborenen Kindern sagt man Gesundheit, Wohlstand und ein langes Leben voraus.

Die Drachenlegenden gehen möglicherweise ursprünglich auf Fische, Schlangen oder Krokodile zurück. Es gibt Geschichten darüber, wie Drachen sich in Wasser, Wolken oder Feuer verwandeln können. Sie können fliegen und sich zwischen Wolken oder unter Wasser verstecken, sie tarnen sich als Seidenraupe, schwellen zur Größe des Universums an, werden unsichtbar oder glühen im Dunkeln. Solche Mythen gehörten lange Zeit zur mündlichen Erzähltradition. Drachen boten aber auch den Künstlern ein vielseitiges Motiv, die sie auf Bildern, Stoffen und vielen anderen Medien darstellten. In der Schnitzerei und Bildhauerei tauchen sie hauptsächlich in den folgenden neun Bereichen auf: auf Glocken und Gongs, weil Drachen laut brüllen, wenn sie angegriffen werden; auf den Schrauben (Wirbeln) von Saiteninstrumenten, weil Drachen Musik lieben; auf Steintafeln, weil sie Literatur lieben; an der Basis von Steindenkmälern, wo sie das schwere Gewicht tragen; auf Tempeltraufen, wo sie stets nach Gefahren Ausschau halten; auf Brückenbalken, weil Drachen Wasser lieben; auf Buddhas Thron, wo sie sich gern ausruhen; auf Schwertheften, weil diese mächtigen Wesen töten können; und schließlich an Gefängnistoren, weil einige Drachen streitsüchtige Unruhestifter sind.

Drachen erscheinen in zahlreichen Gedichten und Büchern. Der gelbe Drache führte angeblich den ersten der mythischen drei Erhabenen, den legendären Kaiser Fu Xi (Mitte 2800 v. Chr.), in die Grundlagen des Schreibens ein.

Schrift und Kalligrafie

Die frühe chinesische Poesie war stark von Konfuzius (551–479 v. Chr.) beeinflusst. Die früheste bekannte Sammlung chinesischer Gedichte ist das *Buch der Lieder.* Qu Yuan (ca. 340–278 v. Chr.) gilt als erster berühmter chinesischer Dichter. Die Lyrikgattung *Ci* drückte Gefühle der Sehnsucht aus und trat in der Song-Dynastie in den Vordergrund. Einige der frühesten überlieferten Schriftsammlungen waren Hofarchive; zu den klassischen chinesischen Arbeiten gehört auch das *I Ging (Buch der Wandlungen),* ein vor fast 3000 Jahren niedergelegtes System von Kosmologie und Philosophie. Das Gegensatzpaar Yin und Yang sowie das Gleichgewicht der natürlichen Elemente des Universums sind ein zentrales Motiv dieses historischen Weissagungsbuches.

Auch als die Literatur sich mit der Erfindung des Buchdrucks (siehe Seite 120) verbreitete, blieb die Kalligrafie von zentraler Bedeutung. Kalligrafie bedeutet „Schönschreiben", aber neben aller Schönheit für das Auge steckt noch viel mehr dahinter. Durch die Kalligrafie wird die Sprache zur Kunst, sie ist eine abstrakte, aber erhabene Ausdrucksform mit einer Geschichte von über 4000 Jahren. Kalligrafen waren (und sind) hoch angesehen. Zur Kaiserzeit waren kalligrafische Fähigkeiten für jeden unverzichtbar, der ein Amt bei Hofe bekleiden wollte.

Tu Meng aus der Tang-Dynastie (618–907) entwickelte 120 Ausdrücke zur Beschreibung verschiedener kalligrafischer Kriterien und Stile – Siegelschrift, Kanzleischrift, Regelschrift, Kursivschrift, Grasschrift usw. Jede Schrift hat ihre eigenen Merkmale und Zwecke. Insgesamt gibt es etwa 32 verschiedene Pinselstriche, davon werden jedoch überwiegend sieben Hauptstriche verwendet. Durch die Auswahl des Papiers sowie seine Stärke und Saugfähigkeit, Art und Flexibilität des Pinsels und die Steuerung der Tintenkonzentration kann der Künstler eine unendliche Vielfalt an Stilen und Formen erschaffen. Jedes Zeichen wird dabei als schöne Blume betrachtet.

***Vorige Seiten:** Leuchtend bunte Keramikfliesen auf der Neun-Drachen-Wand (erbaut 1756) zeigen neun Drachen beim Spiel mit Edelsteinkugeln. Die beiden Drachenwände von Beijing stehen im Beihai-Park und in der Verbotenen Stadt.*

***Unten und gegenüber:** Die Zeichen der traditionellen chinesischen Kalligrafie entstanden aus der Kanzleischrift der Han-Zeit.*

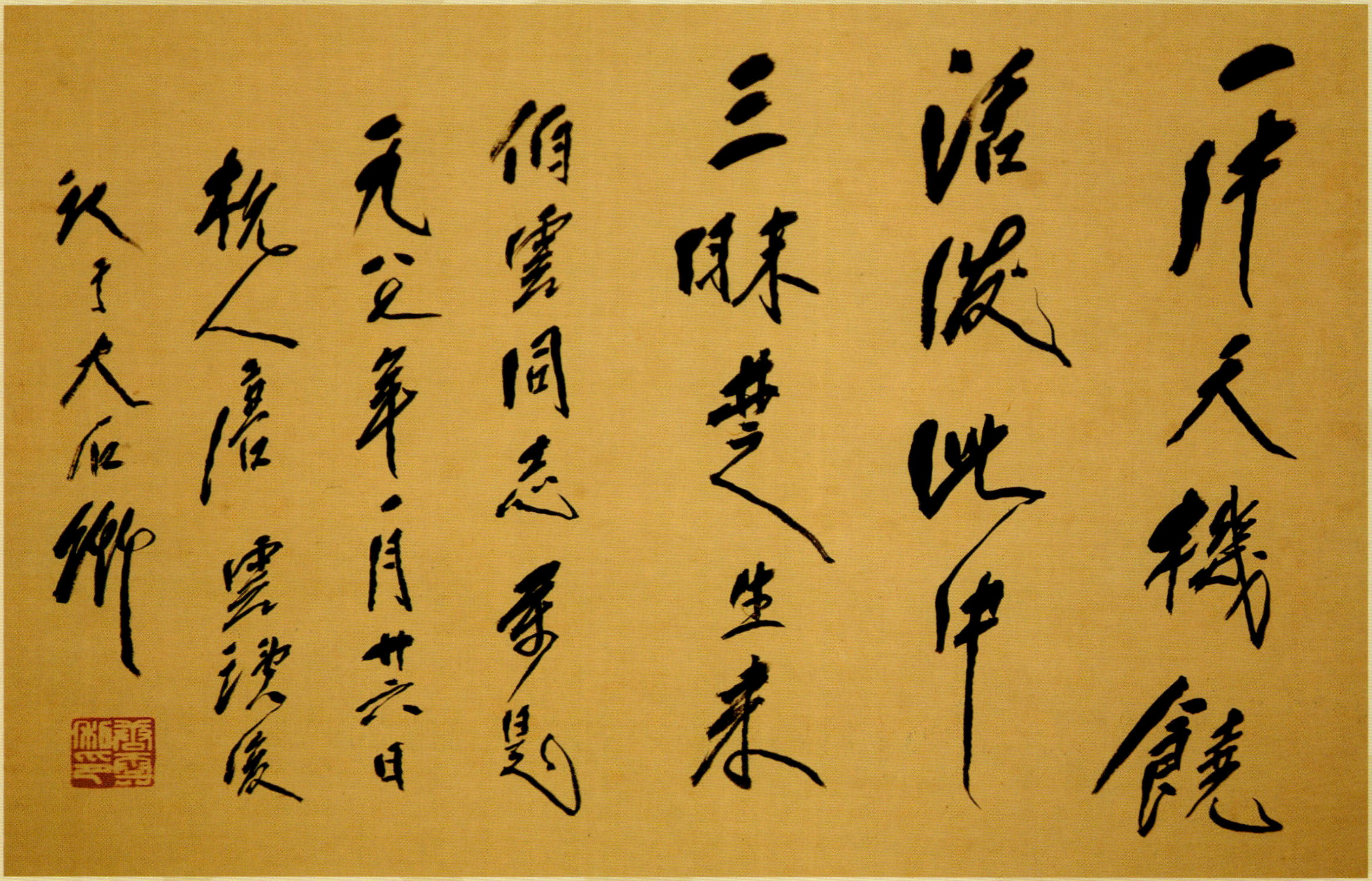

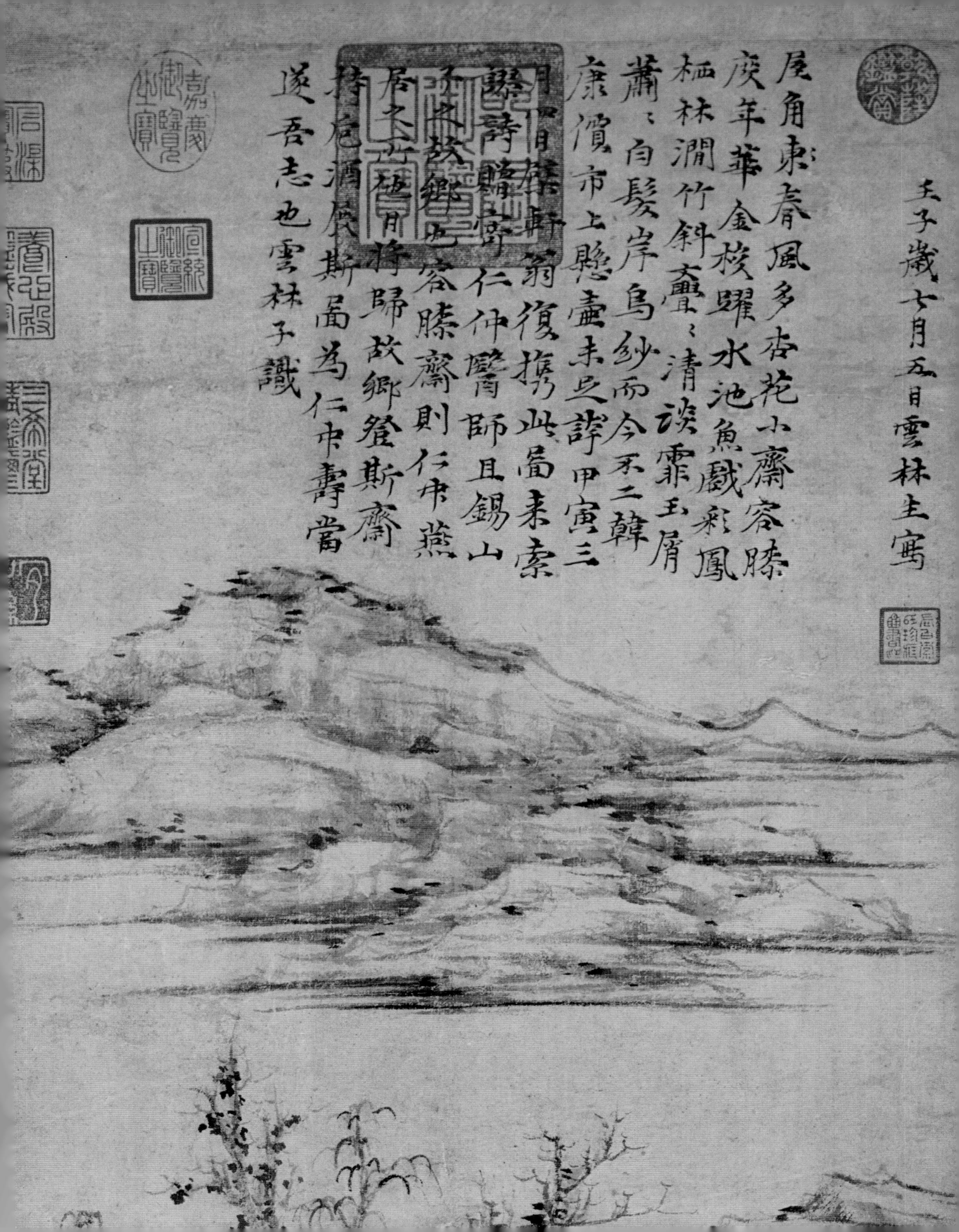
壬子歲七月五日雲林生寫
屋角春風多杏花小齋容膝
度年華金梭躍水池魚戲彩鳳
棲林澗竹斜亹〻清談霏玉屑
蕭〻白髮岸烏紗而今不二韓
康價市上懸壺未足誇甲寅三
月四日檗軒翁復攜此圖來索
題詩贈寄仁仲醫師且錫山
予故鄉也容膝齋則仁中燕
居之所也他日將歸故鄉登斯齋
持卮酒展斯圖為仁中壽當
遂吾志也雲林子識

福

Tusche, Papier und Druck

China ist nicht nur führend in der Kunst der Handschriften, sondern auch bekannt für die Erfindung von Tusche und Buchdruck. Einigen Historikern zufolge haben die Chinesen die Tusche bereits vor bis zu 5000 Jahren entdeckt. Um 1200 v. Chr. wurde die Tusche überall in China verwendet.

Chinesische Tusche wurde zunächst aus dem Ruß von Kiefernholzrauch oder brennenden Pflanzenölen gewonnen, der mit einem Gelatineleim aus Eselshaut und dem Moschus junger Hirsche eingedickt wurde. Mit dieser frühen Tusche schwärzte man die Oberflächen steinerner Hieroglyphen-Reliefs. Sie wurde als feste Stangentusche verkauft, oft in Form eines Kanus, auf einem Reibstein zerrieben und mit Wasser vermischt. Sie verblasste nicht, war jedoch schwierig herzustellen und sehr selten und teuer, bis man im 10. Jahrhundert begann, Lampenölruß zu verwenden.

Der chinesische Pinsel soll im 3. Jahrhundert v. Chr. von Ming Tian erfunden worden sein. Bilder wurden häufig auf Seide gemalt, die recht groben Bücher dagegen bestanden meist aus Bambus. Vor rund 2000 Jahren, im Jahr 105, entwickelte ein chinesischer Hofbeamter namens Cai Lun das Verfahren zur Papierherstellung, indem er Pflanzenfasern zu einem Brei vermahlte, diesen trocknen ließ und zu dünnen Blättern formte. Als Rohmaterial dienten ihm Abfälle aus der Seidenproduktion oder Maulbeerbaumrinde und andere Pflanzenfasern. Die Papierherstellung blieb ein wohlgehütetes Geheimnis, bis das Wissen sich um 700 nach Japan ausbreitete und von Arabern, die einige chinesische Papierhersteller gefangen genommen hatten, nach Spanien gebracht wurde.

Der Buchdruck gilt als eine der vier großen Erfindungen des alten China (die anderen drei sind der Kompass, das Schießpulver und das Papier). Über 3000 Jahre lang dienten Siegel aus Holz, Knochen, Horn, Stein und Metall zur Verbreitung von Informationen. Dekrete, Texte, Schriften, Gedichte und Bilder wurden auf Holz, Bronze oder Stein übertragen und kopiert, indem man die eingravierten Bilder und Zeichen auf Papier rieb. In der Tang-Dynastie (618–907) wurden einzelne Blätter auf Holzblöcke gepresst, in die man Texte und Illustrationen geschnitzt hatte; Jahrhunderte zuvor hatte man jedoch bereits Muster auf Stoffe gedruckt. Im Jahr 1023 nutzte die Zentralregierung den Kupfertiefdruck für eine weitere chinesische Erfindung – das Papiergeld!

Vorige Seiten: *Die Kalligrafie inspirierte auch Kunstformen wie geschnitzte Siegel, Stangentusche und prächtige Briefbeschwerer. Hier verziert sie antike Holztüren.*

Gegenüber: *Dieser stabile alte Druckstock diente zur Vervielfältigung einer buddhistischen Schrift aus Tibet.*

Rechts: *Papiergeld entstand vereinzelt im 7. Jahrhundert, verbreitete sich während der Yuan-Dynastie in ganz China, wurde aber gleichzeitig mit dem Handel mit der westlichen Welt im 15. Jahrhundert ausgesetzt. Die ersten Banknoten wurden auf Papier aus der Maulbeerbaumrinde gedruckt.*

Unten: *Alte Schriften der Yi auf brüchig wirkendem Papier.*

Weitere chinesische Erfindungen

China war stets ein Land, in dem viele neue Konzepte Wurzeln schlugen. In der Mathematik, der Prävention und Diagnose von Krankheiten und den vier Technologien, denen der nachhaltigste Einfluss auf die Welt nachgesagt wird – wie oben erwähnt, handelt es sich dabei um den Buchdruck, die Papierherstellung, die Navigation mithilfe des Kompasses und Schießpulver –, baute man den Wissensvorsprung stetig aus.

Dank Buchdruck und Papierherstellung konnten Wissen und Informationen verbreitet und geteilt werden. Bildung wurde überall zugänglich.

Der Kompass, ursprünglich für die Weissagung und zur Bestimmung der günstigsten Ausrichtung von Gebäuden entwickelt, spielte mit zunehmender Verfeinerung eine wesentliche Rolle dabei, die Navigation zu Land und zu Wasser genauer und sicherer zu machen. Im Bereich der Seefahrt entwickelten die Chinesen auch das Ruder, Abteilungen im Rumpf, Schaufelräder, Trockendocks und bewegliche anstelle von festen Segeln.

Schießpulver hatte neben seinen offensichtlichen Anwendungsbereichen in der Kriegsführung auch einen tief greifenden Einfluss auf die Grabungs- und Bautechnik. Man geht davon aus, dass es im 9. Jahrhundert von chinesischen Alchimisten entdeckt wurde, die nach einem Unsterblichkeitselixier suchten. Auch die Armbrust geht auf diese Zeit zurück, ebenso Feuerwaffen, Raketen, Granaten und Landminen.

Einfallsreichtum und Inspiration

Die fantasievollen Chinesen entdeckten auch den Blutkreislauf des menschlichen Körpers, das mathematische Konzept der Null und wie man Eisen gießt. Sie entwickelten Pflanz- und Hacktechniken, die Sämaschine und den Eisenpflug. Technologien für Erdgasbohrungen, mechanische Uhrwerke, Angelrollen, Kirchenglocken, Pferdegeschirr und Steigbügel, Tapeten und Schirme gegen Regen und Sonne stehen auf der beeindruckenden Liste chinesischer Erfindungen. Sie konstruierten Hängebrücken aus Bambuskabeln und bauten Bogenbrücken, um Wasserstraßen ohne die stützenden Mittelsäulen zu überspannen, die bei Chinas heftigen Überschwemmungen rasch beschädigt wurden.

Der erste Seismograf wird Zhang Heng (78–139) zugeschrieben, einem kaiserlichen Astronomen der späten Han-Dynastie. Er bestand aus einem gegossenen Bronzegefäß mit einem Pendel, das mit neun in unterschiedliche Richtungen blickenden Drachen und neun darunter sitzenden Fröschen verziert war. Seismische Aktivitäten ließen eine bestimmte Kugel aus dem Maul eines Drachen in das eines Frosches fallen, wodurch die Richtung der Erschütterung angezeigt wurde.

Das Geheimnis der Seide

Die Chinesen beherrschten die Seidenherstellung schon um 1300 v. Chr. und verkauften sie im 2. Jahrhundert v. Chr. an das Römische Reich und an Byzanz. Die wertvolle Ware erreichte den Westen über die nach ihr benannte Landroute – die Seidenstraße. Jahrelang versuchten Europäer hinter die Herstellung dieses Stoffes zu kommen, konnten das Geheimnis jedoch erst um 550 n. Chr. lüften, als Mönche Seidenraupeneier aus China mitbrachten.

Oben: *Chinesen stellen seit über 1000 Jahren Feuerwerkskörper her, ursprünglich aus Bambushülsen, die Schießpulver enthielten, später aus Papierbehältern.*

Gegenüber: *Feuerwerk soll böse Geister abwehren und sorgt für einen funkelnden, ohrenbetäubenden Start ins neue Jahr.*

Oben: *Seidenraupen werden mit Maulbeerbaumblättern gefüttert. Wenn die Raupen etwa vier Wochen alt sind, spinnen sie sich in Seidenkokons ein.*

Gegenüber: *Prächtige bestickte chinesische Seide – der Handel mit diesem luxuriösen Stoff nach Europa fand über die Seidenstraße statt.*

Links: *Grundlage für die Erfindung des Kompasses waren Magneteisensteine, die zum Wahrsagen verwendet wurden.*

Die kreative Macht des Feuers

Feuer wird vielseitig angewendet – zum Roden, um Menschen zu wärmen, Raubtiere abzuschrecken, Gegenstände zu reinigen und aufzubereiten, Metalle zu schmelzen, zur Herstellung von Werkzeugen, Waffen, Kochgeschirr – und um die Mahlzeiten zu kochen, die uns am Leben halten. Heute genießen wir auch im Westen viele chinesische Delikatessen, aber in China galten Speisen lange ebenso als medizinische Therapie wie als Nahrung. Experten der Kochkunst trugen am Hof dem Kaiser auf; in der Tang-Dynastie (618–907) war die Diättherapie weit verbreitet und es entstanden zahlreiche Klassiker zu diesem Thema.

Prächtiges weißes zartes Porzellan muss bei extrem hohen Temperaturen gebrannt werden, um seine Perfektion zu erreichen. Die feine Tonkeramik, im Englischen auch *china* genannt, wurde erstmals in der späten Östlichen Han-Dynastie (25–220) hergestellt, nachdem Töpfer der frühen Yin- und Shang-Dynastie begonnen hatten, mit Kaolin zu arbeiten, einer seltenen weißen Tonerde. Das erste echte Porzellan wurde wahrscheinlich erst in der Tang-Dynastie gebrannt, die komplexen Fertigkeiten der Porzellanherstellung meisterte man gar erst in der Ming-Dynastie (1368–1644).

Marco Polo brachte 1260 Porzellan aus China mit nach Europa. Nach einiger Zeit wurde das feine Porzellan in die ganze Welt exportiert und hoch geschätzt, wo immer es auftauchte. Es gab eine Zeit, besonders im mittelalterlichen Europa, als antikes Porzellan genau wie Gold und Edelsteine ein Symbol des Wohlstands darstellte. Zahlreiche Spione wurden nach China entsandt, um herauszufinden, wie man es herstellt, bis das Geheimnis der erforderlichen zusätzlichen mineralischen Inhaltsstoffe schließlich von Europäern gelüftet wurde – rund 450 Jahre nach ihrer ersten Begegnung mit dem Porzellan –, als Johannes Friedrich Böttger 1709 die richtige Formel und die Notwendigkeit sehr heißer Brennöfen entdeckte.

Das 1790 von Josiah Spode in England entwickelte weiß-blaue Weidenmuster geht auf ein chinesisches Muster namens Mandarin zurück. Es zeigte ein chinesisches Boot, eine Brücke mit Menschen darauf, einen Tempel, zwei Vögel am Himmel und eine Weide.

Oben: *Chinesische Küche und Kochtöpfe entwickelten sich über 5000 Jahre.*

Rechts: *Blau-weißes Kraak-Porzellan aus dem 17. Jahrhundert. Bis 1709 wussten nur die Chinesen, wie man Porzellan herstellt.*

Schönheit am Himmel

Drachen wurden in China vor über 2000 Jahren zur Zeit der Streitenden Reiche (475–221 v. Chr.) erfunden. Sie waren Schmetterlingen und Vögeln nachempfunden. Die ersten Exemplare bestanden aus Holz. Manche konnten mehrere Tage in der Luft bleiben und werden daher gelegentlich als die frühste Form des Flugzeugs angesehen. Ursprünglich wurden Drachen zur Signalgebung und Kommunikation im Militär eingesetzt, indem man mit ihnen Richtung und Stärke des Windes prüfte und Entfernungen abmaß. Es ist belegt, dass große Drachen Krieger in die Luft hoben, die feindliche Truppenbewegungen beobachten oder mit Pfeil und Bogen auf den Feind schießen sollten, während andere Drachen Propagandamaterial verteilten, eine Bitte um Hilfe oder Verstärkung überbrachten oder explodierende Feuerwerkskörper mitführten, um die gegnerische Armee in Angst und Schrecken zu versetzen.

Hintergrund und gegenüber: *Feste bringen Wärme und Farbe ins Leben – und chinesische Drachen gehören unbedingt dazu. Während sie ursprünglich als militärische Überwachungs-, Beförderungs- und Kommunikationsmittel entwickelt wurden, gehörte das Drachensteigen später zur Volkskultur und wurde zu einem Wettkampfsport.*

Während der Tang-Dynastie (618–907) begann man Drachen mehr zum Vergnügen zu nutzen und ließ beispielsweise Bambusstreifen daran herabhängen, die im Wind sangen. In der späten Qing-Dynastie (1644–1911) glaubte man, dass das Loslassen eines Drachens (oder das Aufheben eines verlorenen Drachens) Unglück bringt. Heute wird der Drachen in vielen chinesischen Festen gefeiert. Dabei handelt es sich teilweise um landesweite Feste, teilweise um örtliche Feierlichkeiten oder Feste ethnischer Gruppen. Neben Drachen verschönern auch helle Lichter, Laternen, Dekorationen und Blumen diese farbenprächtigen Feiern im chinesischen Jahreslauf.

Drachen und Drachenwettkämpfe gehören zu vielen Festen. Das Weifang-Drachenfestival, das jedes Jahr im April in Weifang in der Provinz Shandong abgehalten wird, ist eines der größten seiner Art und lockt jährlich Hunderte von Teilnehmern und rund 60 000 Zuschauer an, die eine erstaunliche Vielfalt von Himmelsdrachen bewundern. Viele Formen besitzen symbolische Bedeutung: Schildkröte, Kranich und Pfirsich stehen für langes Leben, Fledermäuse für Glück, Schmetterlinge und Blumen bedeuten Harmonie. Drachen mit weichen Flügeln stellen beispielsweise Insekten, Goldfische, Wolken, Schwalbenschwärme oder sogar Kraken dar. An die Wettkämpfe schließt sich ein prächtiges einstündiges Feuerwerk an. Beim Wettkampf im Jahr 1983 in Tianjin (einer Stadt etwa 100 km südöstlich von Beijing und ein führendes Zentrum der Drachenherstellung) wurde ein 100-teiliger, 100 m langer Drachen in Form eines Tausendfüßlers mit Drachenkopf von einer Mannschaft aus sechs erfahrenen Männern geflogen.

Frühlingsfest

Zum Frühlingsfest versammeln sich die Familien nach einem besonderen Frühjahrsputz zu Hause, um das chinesische Neujahr zu begrüßen, während in den überfüllten Straßen der Stadt überall die Laternen brennen. Blumenverzierte rote Lampions hängen an Häusern, Geschäften und Bürogebäuden, kalligrafische Inschriften und Neujahrsbilder schmücken die Eingangstüren. Die Familien genießen ein üppiges Abendessen, manche bleiben die ganze Nacht auf. Es gibt Löwentänze, Drachenlaternentänze, Landbootrennen, Stelzenlauf, Volksfeste und Paraden. In Südchina wird *nian gao* gegessen, ein Neujahrskuchen, in Nordchina dagegen mondsichelförmige *jiaozi*-Taschen. Knallkörper explodieren und am Himmel über den Städten funkelt das Feuerwerk. Eltern und Großeltern schenken ihren Kindern Glücksmünzen in speziellen roten Umschlägen, man trägt am ersten Tag des neuen Jahres neue Kleider und wünscht sich gegenseitig Glück.

Herrliche, farbenprächtige Laternen werden während des Laternenfestes überall aufgehängt, das in der ersten Vollmondnacht des chinesischen Jahres mit Feuerwerk und Laternenrätseln gefeiert wird – eine Tradition, die auf die Song-Dynastie (960–1279) zurückgeht, als man spezielle Rätsel auf Laternen schrieb. *Yuanxiao*, gefüllte Reisklöße in Suppe, werden als Symbol des Zusammenhalts verzehrt.

Oben: *Jiaozi, gefüllte und wie Mondsicheln geformte Klöße, gehören zum Frühlingsfest unbedingt dazu.*

Gegenüber: *Der Löwentanz gehört zur chinesischen Neujahrsfeier. Die Kalligrafie (Nebenbild) bedeutet „Frühling".*

Vorfahren und Drachen

Zum traditionellen Qingming-Fest, das normalerweise in den April fällt, gedenken die Menschen ihrer verstorbenen Vorfahren, säubern das Familiengrab und stellen dort Wein, Speisen und Früchte auf. Dann verbrennen sie *zhiqian* (gelddähnliches Papier), verschönern das Grab mit frischer Erde und Zweigen und lassen sich zum Picknick nieder.

Das traditionelle sommerliche Drachenbootfest, das im Mai oder Juni stattfindet, lässt sich über 2000 Jahre zurückverfolgen und wird zum Gedenken an den Dichter Qu Yuan abgehalten. Die Menschen rudern in Booten in die Mitte eines Flusses und werfen als Opfergabe für den patriotischen Dichter, der sich 278 v. Chr. aus Verzweiflung über den Niedergang seiner Nation im Fluss Miluo ertränkte, reisgefüllte Bambusblätter ins Wasser. Zentrale Punkte des heutigen Festes sind die Heimkehr der Töchter, das Aufhängen von Porträts des *Zhong kui* (eines legendären Geisterfängers, der Dämonen vertrieb) neben den Türen von Häusern, Tempeln und Büros, um böse Geister zu vertreiben, das Begrüßen des Geisterbootes und Kampfsportwettkämpfe. Kalmus und Kamtschatka-Beifuß werden aufgehängt, um Krankheiten abzuwenden, mit Kalmus oder Realgar versetzter Wein wird getrunken und spezielle Speisen gegessen wie *wudu*-Pastete, gesalzene Eier, frisches Gemüse und *zongzi* (auch *jiaoshu* oder *tungshu* genannt) – in Blätter eingeschlagene Pyramiden aus Klebreis in vielen Variationen, beispielsweise mit Schinken, Schweinefleisch und Bohnen.

Im August erinnert das Mittherbstfest zur Zeit des Vollmonds daran, wie der Herrscher von Qi Wuyang traf, eine junge Frau, die eigentlich hässlich war, aber dem Kaiser im Mondlicht wunderschön erschien. Er verliebte sich in sie und nahm sie zu seiner Frau. Im Mond soll auch die schöne Göttin Chang'e wohnen, der es die jungen Mädchen gerne gleichtun würden. Früher opferten die Menschen der Mondgöttin kunstvolle Kuchen; daraus entwickelte sich die Tradition, Mondkuchen als Symbol von Einheit und Zusammenhalt in der Familie zu essen.

Ganz oben: *Zum chinesischen Neujahrsfest schenkt man Kindern in leuchtend roten Umschlägen verpackte Glücksmünzen.*

Oben: *Geistergeld wird in Steinguttöpfen oder speziellen Kaminen verbrannt, um die Vorfahren zu ehren.*

Links: *Mit roten Lampions feiert man das chinesische Neujahr.*

Gegenüber: *Ein beleuchtetes Floß beim Drachenbootfest. Ein Ei zum Glockenschlag um zwölf Uhr mittags auf ein Ende zu stellen, soll Glück für das kommende Jahr bringen.*

Unten: *Straßenparade mit prächtig kostümierten Stelzenläufern zur Feier des chinesischen Neujahrs.*

Rechts: *Beim Mittherbstfest wird chinesischer Tee getrunken und Mondkuchen werden verzehrt, eine besondere Delikatesse, die oft mit Lotussamenpaste gefüllt ist.*

Doppel-Sieben und Doppel-Neun

Seit der Han-Dynastie wird Qi Xi, die Doppel-Sieben, am siebten Tag des siebten Mondmonats gefeiert. Wie am Valentinstag gedenkt man hier der Liebe und erinnert daran, wie ein ehrbares Waisenkind sich in die siebte Tochter des Himmelskaisers verliebte. Sie heirateten heimlich, aber der Kaiser vermisste die kunstvollen Webarbeiten seiner Tochter aus Wolken und Regenbogen und schickte ihre Großmutter herab, um sie zurückzuholen. Die Großmutter setzte die Milchstraße in den Himmel, um das Paar zu trennen, aber mitleidige Elstern flogen auf zum Himmel, um einmal im Jahr am Abend von Qi Xi eine Brücke für das unglückliche Paar zu bilden.

Das Doppel-Neun-Fest oder der „Tag, an dem man die Höhen erklettert", wird am neunten Tag des neunten Mondmonats gefeiert. An diesem Tag besteigt man einen hohen Hügel, isst turmähnliche Kuchen aus neun Schichten, trinkt Wein und erfreut sich an Chrysanthemen. Heute ehrt man an diesem Festtag die Älteren, die von ihren jüngeren Freunden und Verwandten zu Festen eingeladen werden.

Eis- und Schneefeste werden in Harbin im Nordwesten Chinas schon seit Mandschu-Zeiten (1644–1911) jedes Jahr von Dezember bis März abgehalten. Heute kann man dort die erstaunlichsten und kunstvollsten Eis- und Schneeskulpturen bewundern, einige von riesigen Ausmaßen – es gibt ganze Tempel, Brücken oder sogar einen Teil der Chinesischen Mauer aus Eis. Passende Wintersportereignisse finden ebenfalls an diesem Ort statt, wo die Temperaturen auf –38 °C sinken können.

Oben und rechts: *Prächtige Eisskulpturen beim Eis- und Schneefestival in Harbin, dem weltweit größten und extravagantesten Ereignis dieser Art.*

Religion und Philosophie

Im Laufe der Jahrhunderte hat das chinesische Volk sein Potenzial durch seine Art zu denken erforscht – Philosophie, intellektuelle Streitgespräche, Religion und Ideologie, Wissenschaft und Medizin. Inzwischen drückt sich seine kreative Energie über Literatur, Kunst, Musik und zahlreiche Zeremonien aus – bei denen Tee als Zeichen des Respekts getrunken werden kann oder um Dankbarkeit oder aber einer Entschuldigung Ausdruck zu verleihen.

Die Anzahl der Tempel deutet auf die Vielfalt der Religionen hin, die in dieser riesigen Nation praktiziert werden. Dazu gehören Daoismus, Konfuzianismus, Himmelsverehrung, Islam und vereinzelt Christentum und Judentum. Der Buddhismus ist die größte organisierte Religion in China; er setzte sich in der Han-Dynastie durch und wurde von vielen Kaisern gefördert. Seine Grundlage sind die Lehren des Prinzen aus Nepal, der seinen Wohlstand aufgab, um Erleuchtung zu suchen. Der Buddhismus verlangt Selbstdisziplin, den Glauben an die Einheit aller Dinge und Meditationsübungen. Aktuell schätzt man, dass bis zu 1 Milliarde Chinesen in der einen oder anderen Form dem Buddhismus anhängen, was China zum Land mit den meisten Buddhisten in der Welt macht. Das Auftreten von Zen (Chán) als eigenständiger Form des Buddhismus ist in China erstmals im 7. Jahrhundert belegt. Die Anhänger des Zen-Buddhismus glauben, dass sie in sich selbst nach der Erleuchtung und dem Verständnis für Buddhas Wesen suchen müssen, statt draußen nach Antworten zu forschen.

Konfuzius (551–479 v. Chr.) wird oft der „König ohne Krone" genannt. Er lebte im Staate Lu (der heutigen Provinz Shandong) und wollte die Lebensweise wiederbeleben, die die alten Weisen empfahlen. Diszipliniertes Verhalten im Kontext der Familie sollte zu einer geordneten Gesellschaft führen. Seine Philosophie übte einen großen Einfluss auf viele asiatische Länder aus. Konfuzius wollte keine neue Religion gründen, aber mit der Zeit entstand um ihn ein Kult mit eigenen Tempeln. Kaiser Wu (156–87 v. Chr.) schließlich erklärte den Konfuzianismus zur offiziellen Staatsphilosophie und zum Herzstück der Bildung. Der konfuzianische Staat tolerierte die verschiedenen Religionen, die in seinen Grenzen florierten, und heute schöpfen die meisten religiösen Überzeugungen aus den konfuzianistischen Traditionen, drehen sich noch immer um die persönliche Entwicklung und sind familienorientiert. Viele Menschen verehren ihre Ahnen; chinesische Volksreligionen kennen Götter und Geister, die aus Mythen und Legenden stammen und an die in farbenprächtigen Festen erinnert wird.

Der Daoismus (übersetzt als „Der Weg") folgt den Lehren des Laozi (Laotse), eines – möglicherweise mythischen – Philosophen, der vor etwa 2500 Jahren gelebt haben soll. Betrübt über das Böse, das er um sich herum erlebte, ritt Laozi auf einem Wasserbüffel in die Wüste, aber vor seiner Abreise überredete ihn ein Torwächter an der Chinesischen Mauer, seine Gedanken für die Nachwelt festzuhalten.

Vor nicht allzu langer Zeit galt der Kaiser von China noch immer als Sohn des Himmels. Er wurde zwar nicht als Gottheit angesehen, aber man glaubte, dass er zwischen den Kräften von Himmel und Erde vermitteln konnte. Der letzte Kaiser war Pu Yi, geboren 1906, der seinen Kaisertitel schon mit zwei Jahren erbte. 1911 überschwemmte eine Rebellion das Land und 1912 war der fünfjährige Kaiser gezwungen, auf seinen Thron zu verzichten – er lebte jedoch weiter hinter den gewaltigen Mauern von Beijings Verbotener Stadt und wurde hauptsächlich von Eunuchen umsorgt. 1917 wurde er kurz erneut zum Kaiser erklärt und erlebte anschließend eine wechselnde Reihe von falschen Hoffnungen auf Wiedereinsetzung und Verrat. Bis zu seinem Tod 1967 blieb er eine von anderen manipulierte Marionettenfigur.

In den Jahren nach dem Zweiten Weltkrieg wurde China vom Kommunismus beherrscht. Die Kommunistische Partei Chinas war 1921 gegründet worden. Innerhalb von 12 Monaten überquerten rund 100 000 Männer mit ihren Familien hohe Berge, tiefe Schluchten und Sümpfe, um einen Zufluchtsort in Shanxi zu erreichen. Möglicherweise überlebten nur etwa 30 000 den 12 800 km langen Marsch. Nach über 20 Jahren Bürgerkrieg führte Mao Zedong (Mao Tse-tung) die Kommunisten 1949 schließlich zum Sieg und rief die Volksrepublik China aus.

***Oben:** Räucherstäbchen in einem buddhistischen Tempel.*

***Gegenüber:** Vergoldete und mit Edelsteinen besetzte Statue.*

Oben: *In diesem chinesischen Tempel stehen eine Reihe goldener Buddhastatuen in Nischen inmitten zahlloser winziger Wandvertiefungen, von denen viele weitere Statuen enthalten.*

Gegenüber: *Amitabha im Tempel der Sechs Banyanbäume in Guangzhou ist eine der drei antiken, 6 m hohen Statuen, die Gegenwart, Vergangenheit und Zukunft symbolisieren.*

Links: *Räuchergefäße waren in fernöstlichen Tempeln schon immer verbreitet. Dieses verzierte Exemplar aus Messing steht in einem leuchtend roten Tempel.*

Rechts: *Das silberne Porträt des Vorsitzenden Mao (Mao Zedong) schmückt ein rotes Abzeichen. Plaketten mit dem Bild des jungen Mao tauchten vor der chinesischen Kulturrevolution in den späten 1960er-Jahren auf.*

Kampfkunst und chinesische Medizin

Noch heute richten sich viele Chinesen nach uralten Praktiken wie Astrologie und Fengshui, das darauf abzielt, durch die wohlüberlegte Anordnung der umgebenden Dinge einen harmonischen Einklang mit der Umgebung zu erreichen. Dazu gehören auch Wetter, Astronomie und Geomagnetismus; das ganze System soll einen starken Einfluss auf Gesundheit, Wohlstand und das Verhältnis zu anderen Menschen haben.

Der Legende nach gehen die Ursprünge der chinesischen Kampfkunst auf das Jahr 2698 v. Chr. zurück. Damals regierte der Gelbe Kaiser, ein legendärer Herrscher und General, der Abhandlungen über Medizin, Astrologie und Kampfkunst schrieb. Mit Sicherheit hat das Kampftraining in der gesamten chinesischen Geschichte stets eine wichtige Rolle gespielt. Während der Tang-Dynastie (618–907) wurden Krieger und Offiziere nach ihrem Können in Kampfkunstwettkämpfen ausgewählt. Schwerttänze, Ringen, Kickboxen, Fechten, Boxen und Speertraining haben zur Entwicklung der stilisierten Selbstverteidigung beigetragen, bei der die Kontrolle des Geistes ebenso wichtig ist wie der Muskelaufbau.

Zur Traditionellen Chinesischen Medizin (TCM) gehören viele verschiedene therapeutische und diagnostische Praktiken, die sich über Jahrtausende entwickelt haben. Behandelt wird durch Kräutermedizin, Massage und Akupunktur – alle Teilbereiche sind inzwischen auch in den Westen vorgedrungen. Die medizinische Praxis in China legt großen Wert auf das Meridiansystem im menschlichen Körper, das man sich als Netzwerk von Kanälen vorstellt, durch die die Chi-(oder *qi*-)Energie zirkuliert. Es lässt sich durch Akupunktur beeinflussen, indem man Nadeln in strategische Punkte auf den Meridianen sticht.

Die fünf Elemente spielen auch in der TCM eine große Rolle. Die Erde wird mit Fruchtbarkeit und Wachstum assoziiert und beeinflusst daher Verdauung, Magen und Milz. Wasser steht für Blase, Nieren und die Bewegung und Verteilung von Flüssigkeiten im Körper. Feuer symbolisiert die Energie, die in Herz und Dünndarm enthalten ist, sowie den Kreislauf von Flüssigkeiten – und die Freude. Holz steht für Wurzeln und Stärke und wird mit Leber, Gallenblase, Blutspeicherung und dem störungsfreien *qi*-Fluss in Verbindung gebracht. Metall ist ein Leiter und betrifft deswegen die Lunge (die den Energiefluss durch den Körper unterstützt) und den Dickdarm, der Abfallstoffe führt und damit auch Verdruss und Wut ausleitet.

Oben: *Der Lehrer dieses jungen Kung-Fu-Schülers demonstriert das kontrollierte und sichere Zerschlagen von Ziegelsteinen auf dem Kopf des Jungen.*

Oben und gegenüber: *Ein junger Mann beim Wushu-(Kampfkunst-)Training. Während der Tang-Dynastie wurden in Kampfkunstwettkämpfen Krieger ausgewählt und Offiziere befördert.*

Oben: *Die Chinesen stellen seit 2000 Jahren Papierlaternen her. An Neujahr werden Straßen, Häuser, Geschäfte und Tempel mit zahlreichen neuen leuchtend roten Lampions geschmückt.*

Hintergrund: *Die chinesische Flagge besteht aus goldgelben Sternen vor einem roten Hintergrund – Farben voll flammender Hitze, die die Leidenschaft dieser dynamischen Nation widerspiegeln.*

Feuer – das Element

China ist schon lange ein Ort, an dem neue Ideen gedeihen, wo das Beste verehrt wird und lange erhalten bleibt. Das Element Feuer hat im Laufe der Jahrhunderte in dieser ältesten aller bestehenden Zivilisationen immer wieder das Licht der Kreativität entfacht. Der Rest der Welt bewunderte den Einfallsreichtum des chinesischen Volkes, gelegentlich beneidete er es auch darum. Manchen Außenstehenden erschien China als Rätsel, als Ort vieler Geheimnisse, aber wie dieses Kapitel gezeigt hat, griff die westliche Welt viele der Entdeckungen auf, die durch einen chinesischen Funken der Inspiration entfacht wurden!

木

HOLZ

Während die Wälder auf der ganzen Welt durch Abholzung zurückgehen, gab es in China, auch wenn es nicht gerade zu den stark bewaldeten Ländern zählt, in den letzten Jahren umfassende Bemühungen, neue Bäume zu pflanzen. Die Ausdehnung der Wälder nimmt seit fast zwei Jahrzehnten kontinuierlich zu, sie bilden heute eines der größten künstlich aufgeforsteten Gebiete der Welt. Seit 1990 wachsen Chinas Wälder um 1,2 Prozent (oder 18 000 km^2) pro Jahr – und haben damit angeblich die weltweit größte Wachstumsrate.

***Links:** Holz ist ein vielseitiger Werkstoff – in dieser Arbeit wurde es mit komplexen Schnitzereien versehen und verziert.*

Wälder und Bäume

Aktuell geht man von einer Fläche von über 500 000 km^2 kultivierten Waldes in China aus, die gesamte Walddecke wird auf etwa 1,6 bis 1,75 Millionen km^2 geschätzt – rund 18 Prozent der Gesamtfläche des Landes. Zum Vergleich: Der internationale Durchschnitt liegt bei 34 Prozent.

Die Masse der Bäume stellt einen Teil der weltweiten Kohlenstoffsenke und gleichzeitig eine wertvolle natürliche Ressource dar. Darüber hinaus bieten sie einer großen Zahl von Vögeln und Tieren einen vielfältigen Lebensraum. Bambus und Holz kommen auf verschiedenste Weise zur Anwendung, beispielsweise in der Papierherstellung.

Zwar ist der Anteil bewaldeter Regionen in China in Relation zu seiner gewaltigen Ausdehnung nicht besonders hoch, andererseits bilden sie aber auch keine einheitlich grüne Fläche. Rund 2800 verschiedene Baumarten sind hier zu finden, darunter seltene und ungewöhnliche wie der Urweltmammutbaum und der Ginkgo *(Ginkgo biloba)*, ein einzigartiger Baum ohne lebende Verwandte. Der Ginkgo gilt als lebendes Fossil und als älteste lebende Baumart der Erde, dessen Stammbaum rund 270 Millionen Jahre bis ins Perm zurückreicht. Im Mitteljura vor etwa 170 Millionen Jahren erreichte er seine Blütezeit und sah zahlreiche Dinosaurierarten kommen und gehen. Heute gehört er zu Chinas Nationalsymbolen.

Chinas natürliche Wälder konzentrieren sich im Südwesten und im Nordosten, wo sich ein Baumgürtel um den Großen und den Kleinen Chingan und das Changbai-Gebirge (auch Changbaek San) an der Grenze zu Nordkorea schlingt. Er bildet Chinas größte natürliche Waldgebiete, deren Holzreserven zu über einem Drittel bis zur Hälfte des nationalen Ertrags beitragen.

Der Changbai Shan (oder Paektusan) ist der höchste Gipfel des Changbai-Gebirges – und der legendäre Herkunftsort der kaiserlichen Familie, die die Qing-Dynastie (1644–1911) und den Mandschu-Staat begründete. Wörtlich übersetzt, bedeutet der Name „ewig weiße Bergregion". Kalte, trockene Winter sind hier die Regel, mit durchgehendem Dauerfrost auf den höchsten Gipfeln, Alpenwiesen und Felshängen – aber ohne Gletscher. Birken und Lärchen, Fichten, Kiefern und Korea-Kiefern wachsen in den höheren Lagen auf zerklüftetem Gelände, Ahorn, Ulme und Amur-Linde gedeihen weiter unten. Gemäßigter Hartholzwald mit mehr Pappeln und Birken findet sich in noch niedrigeren Lagen. Die Wälder im Changbai-Gebirge sind die artenreichsten Nordostchinas.

***Oben:** Golden leuchtendes Laub in einem Birkenwald auf dem Changbai Shan in der Provinz Jilin.*

***Gegenüber:** Inzwischen gibt es in China zahlreiche Waldschutzgebiete.*

Links: *Fotografin in einem herrlichen Waldschutzgebiet inmitten des Laubes auf einer Aussichtsplattform am Rande einer steil abfallenden Klippe.*

Unten: *Das 2005 gegründete* China Forest and Trade Network *(FTN) hat sich zum Ziel gesetzt, illegalen Holzeinschlag zu verhindern und Wälder zu retten.*

Ganz unten: *Nebelstimmung im Nationalpark Zhangjiajie, wo zerklüftete Sandsteinsäulen und -spitzen über dichten Wäldern im Tal aufragen.*

Der in der Inneren Mongolei nahe der nordöstlichen Grenze Chinas gelegene Große Chingan ist gekennzeichnet durch üppige Wälder, Flüsse und schlafende Vulkane. Mischwälder aus Kiefern und Laubbäumen bedecken ausgedehnte tief liegende Hügel, wo Sibirische Tiger umherstreifen und stellenweise die Arzneipflanze Ginseng *(Panax ginseng)* im Unterholz der Nadelwälder gedeiht. Diese hoch geschätzte Arzneipflanze, einst überall in Nordostchina zu finden, wurde in den letzten Jahrzehnten durch Holzeinschlag, Waldbrände und übereifriges Sammeln ihrer pastinakenähnlichen Wurzel für medizinische Zwecke stark dezimiert. In vielen ihrer früheren Lebensräume könnte sie heute schon ausgestorben sein. Dem Ginseng wird eine Wirkung gegen Krebs nachgesagt; außerdem soll er Energie und Potenz steigern und gleichzeitig Stress abbauen.

In den Provinzen Jilin, Liaoning und Heilongjiang erstrecken sich Mischwälder über niedrige Hügel. Hier finden sich sowohl Laubwälder mit Eichen, Eschen, Birken, der Ulmenart *Ulmus laciniata*, Ahorn und Mandschurischer Walnuss als auch Nadelwälder, die hauptsächlich aus hohen Korea-Kiefern mit geraden Stämmen, Kiefern und Fichten bestehen. In den Waldgebieten an den Osthängen des Großen Chingan finden sich auch zarte Birken, elegante Pappeln, Weiden und Mongolische Eichen – die Nadelwälder in den sandigeren Gegenden werden von der Waldkiefer dominiert.

Das Reservat Laotu Dingzi schützt überwiegend Wälder aus Japanischer Eibe, die einen kurzen Stamm und eine zart strukturierte, duftende Rinde aufweist. Im Jingbo-See-Naturreservat in der Provinz Heilongjiang finden sich Mischwälder mit Koniferen und Laubbäumen wie Ahorn und Eiche. Das Hengduan-Gebirge, eine Bergkette im Süden des Himalajas, liefert rotes Sandelholz und Nanmu-Holz, das häufig im Bootsbau, für Holzarbeiten an Gebäuden und als Material für künstlerische Skulpturen eingesetzt wird. Die südöstlichen Wälder Chinas bedecken die hügeligen Weiten südlich des Qinling-Gebirges und des Flusses Huaihe sowie östlich der Yunnan-Guizhou-Hochebene. Es handelt sich dabei um überwiegend kultivierte Gebiete mit Moso-Bambus, Massons Kiefer, Lackbaum und Teepflanze.

***Rechts:** Diese gedrehte, windzerzauste Kiefer wächst auf dem Berg Sanqing, einem heiligen Ort der Daoisten, der auch als „Das Land der Pfirsichblüten" bekannt ist; drei Gipfel (Yujing, Yuhua und Yuxu) stellen die drei im Daoismus verehrten Götter dar. Gläubige Daoisten sollen in den Himmel aufsteigen, wenn sie den großen Stein auf dem Gipfel des Yujing erklimmen.*

Schutz der Wälder und der Tier- und Pflanzenwelt

Um den Auswirkungen von Sandstürmen entgegenzuwirken und Bodenerosion zu verhindern, hat China zahlreiche sogenannte „Schutzwälder" im Norden, Nordosten und Nordwesten des Landes entlang dem mittleren und oberen Lauf des Jangtsekiang gepflanzt; damit wurde ein Teil des Plans verwirklicht, neue Wälder in den Ebenen und entlang der Küste vor dem Taihang-Gebirge anzulegen. Über 98 Prozent der Küstenlinie der autonomen Region Guangxi Zhuang im Südwesten Chinas wurde zum Schutz gegen Taifune und zur Verhinderung verheerender Auswirkungen zukünftiger Tsunamis aufgeforstet.

Sibirische Tiger *(Panthera tigris altaica)* waren einst vom fernen Osten Russlands über die Mandschurei bis in den südlichen Teil der koreanischen Halbinsel verbreitet; inzwischen sind sie sehr selten, können jedoch noch im Changbai-Gebirge in der Provinz Jilin und den Wäldern der Provinz Heilongjiang im Norden beobachtet werden. Der Südchinesische Tiger *(Panthera tiger amoyensis)* ist mit wahrscheinlich weniger als 20 Tieren in freier Wildbahn in Zentral- und Ostchina die am stärksten bedrohte der verbleibenden fünf Tiger-Unterarten.

Oben: *Der bezwingende Blick des seltenen Sibirischen Tigers.*

Gegenüber: *Der elegante Rothirsch bewohnt Chinas Waldland.*

Ironischerweise war dieser aussterbende Tigerschlag wahrscheinlich das ursprüngliche „Modell" und der Vorfahre aller Tiger-Unterarten auf der Welt – der heute noch existierenden wie auch mehrerer bereits ausgestorbener Arten.

Zu den weiteren bemerkenswerten und geschützten Säugetieren, die Chinas Wälder und Gestrüppe durchstreifen, gehört der Zobel *(Martes zibellina)*, ein sehr anmutiger, marderartiger Fleischfresser, der leider schon lange wegen seines prächtigen Pelzes gejagt wird, vor allem die samtartigen schwarzen Exemplare. Die seltene Goldstumpfnase *(Rhinopithecus roxellana)* bewohnt die Bambusdschungel, Nadelwälder und Rhododendron-Dickichte im südlichen Zentral- und in Westchina. Leider steht dieser Affe auf der Liste der gefährdeten Arten, da er wegen seines leuchtend orangen Pelzes und anderer Körperteile intensiv bejagt wird.

Andere gefährdete Waldbewohner

Die Wälder beherbergen auch zahlreiche Hirscharten: Der Sikahirsch *(Cervus nippon)* bewohnt Mischlaubwälder und ist ein elegantes Tier mit langen, schlanken Beinen, dunkel-kastanienbraunem Sommerfell und einem charakteristischen großen weißen Fleck am Hinterteil, den er manchmal aufplustert, um andere zu warnen, wenn er in der Nähe Gefahr wittert. Der Sibirische Moschushirsch *(Moschus moschiferus)* ist ein scheuer Einzelgänger. Bei den Männchen sind die oberen Eckzähne zu Hauern verlängert, aber keines der Geschlechter trägt ein Geweih. Eine Moschusdrüse im Genitalbereich des Männchens erzeugt einen lang anhaltenden Duft, der zur Parfümherstellung benutzt wird. Moschushirsche sind wegen dieses Moschusbeutels lange bejagt worden, der Bestand gilt heute als vom Aussterben bedroht. Sie leben in Feucht- und Bergwäldern. Der Rothirsch *(Cervus elaphus)*, so genannt wegen seiner prächtigen rotbraunen Färbung, hat ein großes, eindrucksvolles Geweih und lebt eher im offenen Waldland als in dichten Wäldern. Die autonome Region Xinjiang ist die Heimat einer zentralasiatischen Unterart des Rothirsches, des vom Aussterben bedrohten Jarkandhirsches *(Cervus elaphus yarkandensis)*.

Der Schwarze Muntjak *(Muntiacus crinifrons)* bewohnt die Wälder im Jangtse-Tal am Mittel- und Unterlauf des Flusses. Der Bestand dieser scheuen Tiere geht rapide zurück, wie auch der ihrer Räuber Wolf *(Canis lupus)* und Schakal, die Hunan einst in großer Zahl durchstreiften. Der Shanghaier Zoo plant die Unterbringung eines großen Wolfsrudels. Der bärartige Vielfraß *(Gulo gulo)*, ein Mitglied der Wieselfamilie, jagt in Chinas kühlgemäßigten Nadelwäldern.

Oben: *Eine Sikahirschkuh säugt ihr hungriges Hirschkalb. Ihr üppiges braunes Fell trägt im Sommer eine hübsche Fleckenzeichnung, im Winter ist es jedoch fast schwarz (mit undeutlichen Flecken).*

Links: *Die kräftigen Kiefer eines Vielfraßes können Fleisch und Knochen seiner Beute durchdringen, selbst wenn er sie im Winter in durchgefrorenem Zustand aus einem unterirdischen Versteck holt.*

Gegenüber: *Das unverwechselbare Heulen eines Wolfes ist über Entfernungen von bis zu 10 km zu hören und dient dazu, mit dem Rest des Rudels in Kontakt zu bleiben – und Rivalen zu vertreiben.*

***Unten:** In den gemäßigten Wäldern in Chinas äußerstem Norden leben möglicherweise nur noch zehn Exemplare des vom Aussterben bedrohten Amurleoparden in freier Wildbahn. Das dichte, gold-orange Fell dieser prächtigen Großkatzen hilft ihnen, die frostigen Winter in dieser Region zu überleben – und in Russland, wo sie ebenfalls zu finden sind.*

Zu den Katzen in China gehört der Leopard *(Panthera pardus)* mit seinem prächtig gefleckten Fell, das ihm in den Niederungswäldern und im Buschland der Berge Tarnung verschafft. Das gewöhnlich nachtaktive Tier verschläft den Tag in der dichten Vegetation auf dem Ast eines Baumes oder zwischen Felsen. Der Amurleopard *(Panthera pardus orientalis)*, der das Grenzgebiet zwischen China und Russland bewohnt, gilt als eine der

bedrohtesten Großkatzen der Welt; möglicherweise gibt es nur noch in der Provinz Jilin in Nordostchina einzelne Exemplare. Beim Chinesischen Leoparden *(Panthera pardus japonensis)* ist die orange Grundfarbe des Fells dunkler als bei anderen Leoparden und in der Musterung umschließen große Rosetten teilweise einen einzelnen Punkt. Auch diese Großkatze ist sehr selten und der Wildbestand als stark gefährdet eingestuft.

Die prächtig marmorierte Asiatische Goldkatze *(Pardofelis temminckii)* lebt in den Wäldern Südchinas und scheint dort häufig deutlichere Abzeichen aufzuweisen als einige ihrer Verwandten in anderen Revieren. Sie ist in Höhenlagen von bis zu 3000 m im Himalaja anzutreffen und durchstreift gern Gebiete, in denen sich Baumgruppen mit Felsbereichen abwechseln, die ihr gute Aussichtspunkte für ihre Jagd auf Nager, Eidechsen und sogar kleine Hirsche bieten. In manchen Teilen Chinas ist sie als *shilului* – Felsenkatze – bekannt.

Lebensräume Berg und Wald

In den letzten Jahrzehnten wurde der Eurasische Luchs *(Lynx lynx)* durch das Vordringen der Menschen immer weiter in felsige Bergregionen vertrieben, aber einige Tiere leben noch in den offeneren Waldgebieten, wo sie Säugetiere und kleine Hirsche jagen. Langschwanzziesel bauen Nester in hohle Baumstämme und verrottende Äste auf dem Waldboden. China hat Pläne für den Bau eines Zieselparks in der Provinz Zhejiang nahe der Lin'an-Schlucht angekündigt, wo große Zahlen dieser Tierchen umherhuschen – außerdem leben dort auch Axishirsche und die baumbewohnenden, stark gefährdeten Schuppentiere, kleine Säugetiere, die sich fast ausschließlich von Ameisen ernähren. Sie bewohnen das südliche Jangtse-Becken und rollen sich wie das Gürteltier bei Gefahr zu einer Kugel zusammen.

Der Schneehase *(Lepus timidus)* – verbreitet in Xinjiang, der Inneren Mongolei und Heilongjiang – bewohnt Wald- oder Buschlandgebiete. Er ist nachtaktiv und frisst Zweige, Blätter und Gras. Der eindrucksvolle Asiatische Schwarzbär oder Kragenbär *(Ursus thibetanus)* mit seinem charakteristischen weißen, sichelförmigen Abzeichen auf der Brust ist in vielen Regionen zu finden – bis nach Hainan im Süden durchstreift er die Wälder. Er bewohnt bewaldete Gebiete, besonders wo sich Wälder an Hügel und Berge schmiegen. Die Populationen in den kälteren Klimazonen müssen Winterschlaf halten.

Kleine Waldlandbewohner

Auf einem Waldspaziergang in China kann man auch verschiedenen Baumfröschen, der Chinesischen Hüpfmaus und dem Gewöhnlichen Stachelschwein begegnen, das kleiner ist als sein afrikanisches Gegenstück und weniger Stacheln am Hinterteil trägt. Waldameisen bewohnen massenhaft die Nadelwälder, sind aber auch in einigen Laubwaldgebieten zu finden. In Kolonien von etwa einer halben Million Einzeltieren gehen sie auf Nahrungssuche, töten andere Insekten und „melken" Blattläuse, um Honigtau zu gewinnen, eins ihrer Grundnahrungsmittel.

Links: *Eine Familie Eurasischer Luchse kuschelt sich aneinander. Dichtes Fell an den Pfoten dient im Winter als „Schneeschuh", um die Bodenhaftung auf vereistem Gelände zu verbessern.*

Oben: *Asiatische Schwarzbären sind aggressiv und greifen oft an, wenn sie überrascht werden. Die kräftigen und eindrucksvollen Bären wurden früher wegen ihrer Gallenblasen und Gallenflüssigkeit gejagt, die in der chinesischen Medizin eingesetzt wurden.*

Waldvögel

Rebhühner und Fasane sind eine chinesische „Spezialität", die vor langer Zeit in Europa eingeführt wurde; dabei wird der Grundtyp mannigfaltig variiert (Rebhühner und Wachteln sind kleinere Mitglieder der Fasanenfamilie). In freier Wildbahn ruhen sie auf Bäumen, und Chinas Wälder bieten mehreren Rebhuhnarten einen ausgezeichnet geschützten Lebensraum, so dem spektakulären Sichuanwaldrebhuhn *(Arborophila rufipectus)*. Die nur mit viel Glück zu entdeckenden Tiere zeigen einen charakteristisch gemusterten Kopf- und Brustbereich, eine orange Ohrdecke und eine weiße Kehle mit schwarzen Streifen. Es teilt sich den Lebensraum mit dem Indischen Bambushuhn *(Bambusicola fytchii)*, dem Chinesischen Bambushuhn *(B. thoracica)* und dem stämmigen rot-orangen Temmincktragopan *(Tragopan temminckii)*.

Der prächtige Goldfasan *(Chrysolophus pictus)* präsentiert seine wunderbar leuchtenden Federn in den Bergwäldern Westchinas, ist im Schutz der dichten Nadelbäume jedoch schwer zu entdecken. Der Königsfasan *(Syrmaticus reevesii)* lebt in den immergrünen Wäldern Zentral- und Ostchinas; der goldfarbige Vogel ist bekannt für die längsten natürlichen Schwanzfedern im Vogelreich – sie können bis zu 2 m lang werden.

Seidenpirol *(Oriolus mellianus)* und Emei-Laubsänger *(Phylloscopus emeiensis)* leben in Chinas tropischen oder tropisch-feuchten Niederungen, die Buntkopfalcippe *(Alcippe variegaticeps)* kommt nur in Chinas subtropischen oder tropisch-feuchten montanen Wäldern (tropischen Bergwäldern) vor. Der grau-olivgrün gefärbte Omeihäherling *(Liocichla omeiensis)* mit den auffälligen roten Flügelabzeichen gehört zu den Timalien und ist im Süden von Zentral-Sichuan sowie im Nordosten von Yunnan beheimatet. Bei den erwähnten Arten handelt es sich um seltene Vögel, aber China verfügt auch über einen gesunden Bestand an vielen anderen hübschen, wenn auch nicht ganz so außergewöhnlichen Vögeln wie Bussarde, Schwarzmilane, Adler und andere Raubvögel, Kuckucke und Eisvögel, Wiedehopfe, Spechte, Eichelhäher und Elstern. Unter den Blütenpickern findet sich u. a. der Feuerbrust-Mistelfresser. Daneben leben zahlreiche Arten von Meisen, Fliegenschnäppern, Rotschwänzen, Baumläufern, Grasmücken, Häherlingen, Feldlerchen, Gimpeln und Papageischnäbeln in den Bäumen Chinas.

Rechts: *Der wissenschaftliche Name des Königsfasans geht auf den Briten John Reeves zurück, der die ersten lebenden Exemplare 1831 von China nach England schickte.*

陽
堂
葉氏宗祠立

Links: *Diese reich verzierte rot-goldene Holzschnitzerei befindet sich in einem chinesischen Tempel. Tierfiguren, -motive und -themen haben die chinesische Kunst stark beeinflusst; in Skulpturen, Keramiken und Gemälden werden Tierthemen und -symbole umgesetzt. Vorherrschend sind dabei v. a. anschauliche Darstellungen von Löwen und Drachen.*

Oben: *Dieser knorrige alte Baum badet in einem chinesischen Hof in der goldenen Nachmittagssonne – hier werden häufig Dattelbäume, Gleditschien, Gewürznelken- und Granatapfelbäume gepflanzt, vor allem in Beijings* hutong*-Gassen um die Verbotene Stadt. Granatäpfel sind beliebt, weil die vielen Samen in der Frucht für Fruchtbarkeit und Fülle stehen. In China ist das Bild eines reifen, geöffneten Granatapfels ein beliebtes Hochzeitsgeschenk.*

Bambuswälder

Bambus ist eine sehr wichtige natürliche Ressource in China und wird als Symbol der Langlebigkeit und Widerstandsfähigkeit gegen schwere Zeiten geschätzt, weil er schnell und hoch wächst, das ganze Jahr über grün bleibt und zäh sowie außerordentlich nützlich ist. In China bilden die Bambusbestände keine isolierten Landstücke, sondern wahre Dschungel. Bambus gehört eigentlich zu den Gräsern, wächst aber mehrjährig und verholzend. In China gibt es über 500 Arten in 40 Gattungen, fast die Hälfte des gesamten Weltbestandes, und das Land rühmt sich zahlreicherer Typen und Pflanzgebiete als jeder andere Teil der Welt. Ein Viertel der Gesamtfläche aller Bambuswälder weltweit befindet sich in China und belegt über 40 000 km^2; die Hälfte davon macht der Moso-Bambus *(Phyllostachys pubescens)* aus, vor allem in den von Menschenhand angelegten Wäldern Süd- und Südwestchinas.

Die verschiedenen Bambusarten zeigen unterschiedliche Erscheinungsbilder, aber trotz des frühreifen Wachstums mancher Arten können sie bis zu 15 oder 20 Jahre brauchen, um ihre volle Größe zu erreichen, und wachsen oft viele Jahre lang – teilweise 40 und mehr –, bevor sie Samen produzieren. Dann blühen sie, setzen Samen an und sterben danach sofort ab. Manche Arten erreichen gewaltige Ausmaße und produzieren Sprossen, die über 1 m pro Tag wachsen können. Ein japanischer Wissenschaftler verzeichnete bei einem Exemplar des Madake-Bambus einen Wachstumsschub von fast 1,2 m in 24 Stunden.

In Sichuan gab man den Bambuswäldern wunderbar sinnträchtige Namen wie „Smaragd-Korridor" und „Tal ohne Sorgen"; weltbekannt ist auch das „Bambusmeer", ein 120 km^2 großes Bambus-Schutzgebiet. In vielen alten Legenden werden Drachen mit Bambus assoziiert, während die Gelehrten ihn wegen seiner festen, aufrechten Gestalt mit aufrichtigem Verhalten, guter Moral und Integrität verknüpften. Einsiedler zogen sich oft in den Bambuswald zurück, um seine friedliche Einsamkeit zu genießen. Eine Geschichte erzählt, wie vor langer Zeit die zwei Ehefrauen von Shun, eines Herrschers im alten China, nach seinem Tod den Bambus am Fluss mit vielen Tränen begossen und große, nasse Flecken auf seinen Blättern hinterließen. Seitdem gibt es in Südwestchina panaschierten Bambus.

In der Tang-Dynastie (618–907) beschrieb der Dichter Wang Wei in einem Gedicht seine Freude wie folgt: „Ich sitze allein im dunklen Bambuswäldchen, spiele meine Zither und singe nur für mich. Niemand hört mich in diesem dunklen Wald. Nur der helle Mond leistet mir Gesellschaft."

Die meisten Bambusarten bleiben das ganze Jahr über grün und bieten damit vielen Lebewesen Schutz. Für Vögel sind Bambuswälder ein sicherer Ort zur Aufzucht ihrer Jungen. Bauern in Südchina lassen ihre Hühner sogar oft in Waldgebieten frei herumlaufen und verbinden so den Bambusanbau mit der Geflügelzucht.

Bambuswälder sind der wichtigste Lebensraum des Großen Panda *(Ailuropoda melanoleuca)*, auf dessen Speisekarte die Pflanze ganz oben steht. Manchmal frisst er auch andere Blätter, Beeren, Blüten und Vogeleier, aber meistens verbringt er lange Stunden mit dem genüsslichen Verspeisen von Bambus, der rund 99 Prozent seiner Nahrung ausmacht. Dabei tut er sich an den weichen Sprossen, Stängeln und Blättern gütlich. Pandas haben lange Zähne und kräftige Kiefer, mit denen sie auch die zäheren Blätter und Stängel kauen können, und ein kleiner knöcherner Vorsprung am Handgelenk verschafft ihnen einen besonders festen Griff um den Stängel. Der Bambus wächst massenhaft, besitzt aber kaum Nährwert; das erklärt, warum Pandas jeden Tag so viel davon fressen müssen, um die nötige Menge an Nährstoffen aufzunehmen. Sowohl der Große als auch der Kleine Panda *(Ailurus fulgens)* leben in den kühlgemäßigten Bambuswäldern der Provinzen Sichuan und Yunnan und an den bewaldeten Berghängen des chinesischen Himalajas. Beide sind durch den Verlust ihres Lebensraums aufgrund von Holzeinschlag und der Ausbreitung von Ackerflächen bedroht: Der aktuelle Bestand wird auf weniger als 2500 erwachsene Kleine und nur 2000 Große Pandas in freier Wildbahn geschätzt.

Gegenüber oben: *Große Pandas verdauen nur etwa ein Fünftel der gewaltigen Menge an Bambus, die sie rund 12 Stunden am Tag fressen. Pandas vertragen fast alle Bambusarten in ihrem Lebensraum. Die meisten Großen Pandas kommen mit etwa zehn verschiedenen Bambusarten aus, tun sich aber teilweise an über 40 Arten der Pflanze gütlich.*

Hintergrund: *In China wachsen viele Bambusarten, aber nur relativ wenige davon in den Höhenlagen, in denen Pandas leben. Falls in einer Region mit wild lebenden Pandas alle Bambuspflanzen absterben, wie es nach der seltenen Blüte vorkommt, können die Tiere verhungern.*

Folgende Seiten: _Bündel langer Bambusstangen (die am schnellsten wachsende Pflanze der Welt) werden gewöhnlich am Ende des Sommers oder im Winter zum Trocknen aufgestellt, weil sie dann nicht so schnell brechen oder sich spalten. Die natürliche Lufttrocknung der Stangen kann mehrere Monate in Anspruch nehmen._

Vielseitiger Bambus

Bambus ist ein nützliches und höchst anpassungsfähiges Material, aus dem sich zahlreiche Produkte herstellen lassen. Darüber hinaus dient er nicht nur Pandas als Nahrung; auch die Menschen finden Geschmack daran. Seine knackigen, aber zarten Sprossen sind eine Delikatesse und die Spitzen werden in fernöstlichen Ländern in zahllosen Suppen und anderen Speisen verwendet. Mit Reismehl lässt er sich zu Pfannkuchen verarbeiten, seine Blätter dienen zum Einschlagen und Aromatisieren der chinesischen gedämpften *zongzi*-Klöße.

Auch die Stäbchen, mit denen man solche Delikatessen verspeist, können aus Bambus bestehen, ebenso wie sehr leichte Dämpfkörbe. Bambussaft lässt sich zu Likör, Schnaps oder süßem Wein fermentieren und dient als Grundlage für verschiedene Arzneiprodukte, die in chinesischen Kräuterbehandlungen ebenso zum Einsatz kommen wie in der indischen Ayurveda-Medizin. Schwarzrohrbambus ist ein wichtiger Inhaltsstoff eines Arzneitranks gegen Nierenleiden, während seine körnigen Absonderungen (Tabaxir genannt) zur Behandlung von Husten und Asthma, als kühlendes Tonikum und sogar als Aphrodisiakum dienen.

Bambus spielt eine wichtige Rolle in Chinas Wirtschaft und als Exportartikel. Im Land selbst stellt er ein unverzichtbares Baumaterial dar. Behandelter Bambus liefert ein ausgezeichnetes hartes, beständiges, aber leichtes Holz, das für Baugerüste oder als Verstärkungsstreben in Beton verwendet werden kann. Häufig dient es auch als Grundgerüst von Gebäuden – und natürlich als Rohmaterial für eine außerordentlich vielfältige Mischung von Artefakten wie Bodenbelägen, Zäunen, Geschirr, Möbeln, Spielzeugen, Masken, Kopfbedeckungen, Spazierstöcken, Schneidbrettern, Fächern, Tabakpfeifen, Körben und Käfigen, Gartendekorationen, Skistöcken, Baseballschlägern und Angelruten. Auch Flöten und andere Musikinstrumente stellt man aus Bambus her, darunter auch die *Dizi,* ein einfaches traditionelles Blasinstrument.

Scharf angespitzte Bambussplitter lassen sich als Tätowier- oder Stricknadeln verwenden. Seine Fasern lassen sich zu Strickgarn oder einem Gewebe verarbeiten, aus dem Teppiche, Laken, Handtücher und Kleidung hergestellt werden. Traditionelle Waffen wie Raketen und Feuerpfeile wurden aus Bambus gefertigt, ebenso Kanus. Seilmacher schnitten Bambus traditionell in dünne Streifen, drehten diese zu Seilen und verflochten sie zu einem kräftigen Kabel. Im 13. Jahrhundert beschrieb Marco Polo, wie Fischer feste Bambusseile zum Ziehen von Booten verwendeten. Die Kabel, an denen die ersten Hängebrücken über tiefen Schluchten und reißenden Flüssen aufgehängt waren, wurden aus Bambusstreifen geflochten. Zu Kabeln gedrehte Bambusstreifen hielten auch die große Anlan-Hängebrücke über den Minjiang bei Guanxian, ein Wunder der Antike, das etwa vom 3. Jahrhundert bis 1975 überdauerte, als man die Bambuskabel schließlich durch Stahlkabel ersetzte.

Bambus wird in China seit über 4000 Jahren verwendet; in der Yin- und der Shang-Dynastie (16. Jahrhundert v. Chr. bis 1066 v. Chr.) stellte man Pfeilspitzen daraus her. Im 8. Jahrhundert vor Christus übermittelte man Nachrichten auf Bambusstreifen mit eingeschnitzten Wörtern, in der Qin-Dynastie (221–207 v. Chr.) stellte man Bambusfedern her. Im 3. Jahrhundert nach Christus diente Bambus zur Papierherstellung. Noch heute dient Bambus als Material für Kunstwerke und Kunsthandwerk, wird zu dekorativen Kunstschnitzereien verarbeitet und aus seinen Fasern stellt man hochwertiges handgeschöpftes Papier her. Vor langer Zeit, in den letzten beiden Jahrhunderten vor unserer Zeitrechnung, wurden Zeichen auf Streifen aus grünem Bambus geritzt, die mit Seidenstreifen zu den ersten Büchern zusammengebunden wurden.

Oben: *Den berühmten chinesischen Pu-Erh-Tee lässt man zur Geschmacksverbesserung reifen; dazu wird er teilweise in Hüllen aus Bambussprossen oder Bambusblättern gewickelt.*

Gegenüber oben: *Chinesen verbrauchen jährlich 45 Milliarden überwiegend aus Bambus hergestellte Einwegstäbchen.*

Gegenüber unten: *Speisen können in leichten Bambusdämpfkörben gegart und serviert werden. In den warmen Körben bleiben sie heiß – ideal für* dim sum.

Rechts: *Ein alter Schirm mit einem Bambusgestänge. Die Chinesen stellten vor etwa 2000 Jahren die ersten Schirme her – ursprünglich aus Seide, dann aus Papier. Später wurden sie gewachst, um den Regen abzuhalten.*

Oben: *Bambusgerüste kommen in China häufig zum Einsatz. Manchmal bestehen auch die Böden oder sogar ganze Gebäude aus Bambus. Er kann sogar als Rohmaterial für die Schutzhelme der Bauarbeiter dienen!*

Holz in China

Obwohl seit vielen Jahrhunderten in China Möbel aus Bambus hergestellt werden und sich heute noch großer Beliebtheit erfreuen, ging der Werkstoff Holz dem Bambus voraus und übertraf ihn. Holz wurde im 12. Jahrhundert für hochwertige Möbel und die edelsten Stühle und Hocker verwendet. Die von großem Wohlstand geprägte späte Ming-Dynastie (1368–1644) gilt bei vielen als das goldene Zeitalter des chinesischen Mobiliars, besonders in den reichen Küstenstädten, wo die Möbel von herausragender Handwerkskunst zeugten – einfach, aber elegant, mit geschwungenen Linien und gebogenen Rückenlehnen. Das hervorragende Niveau des Tischlerhandwerks machte den Einsatz von Nägeln oder Leim überflüssig. Die Metallbeschläge (Griffe, Scharniere und Schließbleche) wurden ebenso fein gefertigt wie die Holzkonstruktion.

Kunsthandwerker stellten zahllose herrliche Stücke her, die weit ausgereifter waren als alles, was in Europa zu jener Zeit entstand. Der Großteil der Ming-Möbel bestand aus Holz von einheimischen Bäumen wie Kiefer, Ulme und Zelkoven. Nach der Aufhebung des Importverbots 1567 wurden jedoch auch tropische Harthölzer verwendet. Das schöne Holz und seine Maserung blieben dabei stets sichtbar, auch wenn viele Stücke mit Schnitzlack veredelt wurden oder Einlegearbeiten aus rotem oder schwarzem Lack oder auch aus Perlmutt oder Achat erhielten. Die weitaus opulenteren bemalten und lackierten Möbelstücke tauchten erst später auf.

In der frühen Qing-Dynastie (1644–1911) wurden für die herrschenden Klassen dem Ming-Stil ähnliche Möbel mit einfachen, klassischen Linien und Oberflächen hergestellt. Am Ende des 18. Jahrhunderts jedoch waren eckigere Formen und eher überladene Schnitzereien für den wohlhabenden Käufer an der Tagesordnung, obwohl die gewöhnlichen Menschen in den Dörfern und Städten noch immer einfache Möbel zum Sitzen, Essen oder Aufbewahren benutzten – diese waren allerdings oft rot oder schwarz lackiert und mit Symbolen, Mustern oder Landschaften verziert. Diese Stilrichtungen blieben in China bis ins frühe 20. Jahrhundert lebendig und bildeten dabei zahlreiche charakteristische regionale Unterschiede aus.

Im Laufe der Jahrhunderte wurde und wird chinesisches Mobiliar mit großer Sorgfalt hergestellt und veredelt, ob es sich dabei nun um erlesene Palastbetten, elegante Wandschirme und Frisierkommoden oder die einfachsten Fässer oder Bänke handelt. Über die Jahre haben viele Europäer wunderbar proportionierte Möbelstücke importiert, und ob es sich dabei um elegante Lackware oder einfachen, traditionellen Stil handelt, die Möbel sind stets mit größter Detailgenauigkeit hergestellt.

Oben: *Herrlich detaillierte antike Holzschnitzerei in Sichuan.*

Gegenüber: *Antike Holzschnitzerei mit traditionellen Figuren.*

Hintergrund: Diese alte chinesische Schranktür zeigt die hohe Handwerkskunst der chinesischen Tischlerei durch erlesene Veredelungen.

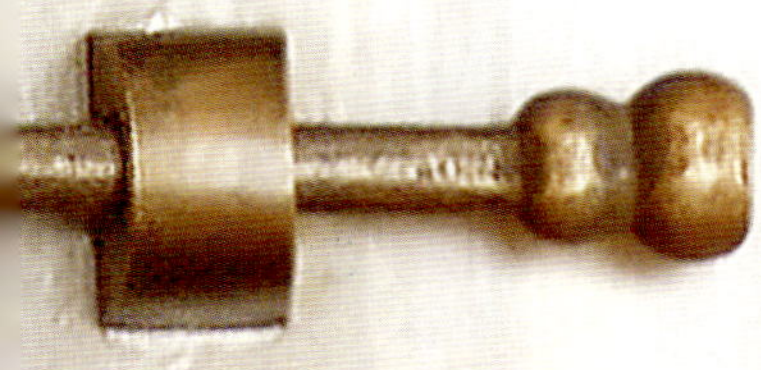

Gegenüber: Die prächtig geschnitzten traditionellen chinesischen Stühle verleihen diesem Sitzplatz Eleganz, ohne dabei übermäßig opulent zu wirken.

Oben: *Komplizierte Schnitzereien erzeugen einen labyrinthähnlichen Effekt auf einer Holztür in Beijing. Dort finden sich noch viele Reste traditioneller Handwerkskunst.*

Unten: *Der leuchtend blaue Anstrich dieser Hauswand und die farbenprächtige Rikscha betonen die robuste holzgetäfelte Tür, die mit prächtigen Kalligrafien verziert wurde.*

Vor langer Zeit wurden nicht nur Möbel aus Holz hergestellt. Auch Pagoden errichtete man aus diesem Werkstoff, beispielsweise die 1056 erbaute Shakyamuni-Holzpagode im kleinen Kloster Fogong in Shanxi. Sie ist die älteste Pagode und der größte Holzturm in China in der klassischen achteckigen Form. Um jedes der fünf Stockwerke der etwa 67 m hohen Pagode mit einem Durchmesser von 30 m läuft eine Galerie. Fast 1000 Jahre lang überstand sie sowohl Erdbeben als auch Artilleriebeschuss. In noch früheren Zeiten bauten primitive Völker in China ihre Häuser aus Ästen und Stroh über einer flachen Grube oder einer Plattform aus Holzpfählen. Der Legende nach lehrte der Halbgott Youchaoshi sie diese Fertigkeit; sie nannten ihre Häuser „Nester“ und verputzten sie mit Erde, um sie zu verstärken, besser zu isolieren und damit das Holz kein Feuer fing. Mit der Entwicklung der chinesischen Kultur wurden viele verschiedene Arten von Häusern aus Holz hergestellt.

Auch Musikinstrumente bestanden oft aus Holz – die *Pipa*-Laute, die oft in der Peking-Oper eingesetzte *Erhu* (ein zweisaitiges Streichinstrument) und viele andere, häufig prächtig geschnitzt wie die Pferdekopfgeige. Große Trommeln wurden einst aus hohlen Baumstämmen hergestellt und oft rot bemalt, wie auch die heutigen Trommeln in China.

Gegenüber: *Pagoden wurden überwiegend aus Holz gebaut, ebenso wie andere antike chinesische Bauwerke. Holzpagoden sind besonders widerstandsfähig gegen Erdbeben und oft üppig verziert oder vergoldet wie dieses prächtige Beispiel in einem Park in Hongkong.*

Unten: *Die herrlichen Kurven dieses mit „Dachwächtern“ verzierten chinesischen Holztempels streben dem Himmel zu.*

Folgende Seiten: *Ausschnitt einer fantastischen Holzdecke im Sommerpalast in Beijing, ein extravagantes Feuerwerk von Details, Farben und üppig gemusterten Verzierungen.*

圓滿閣

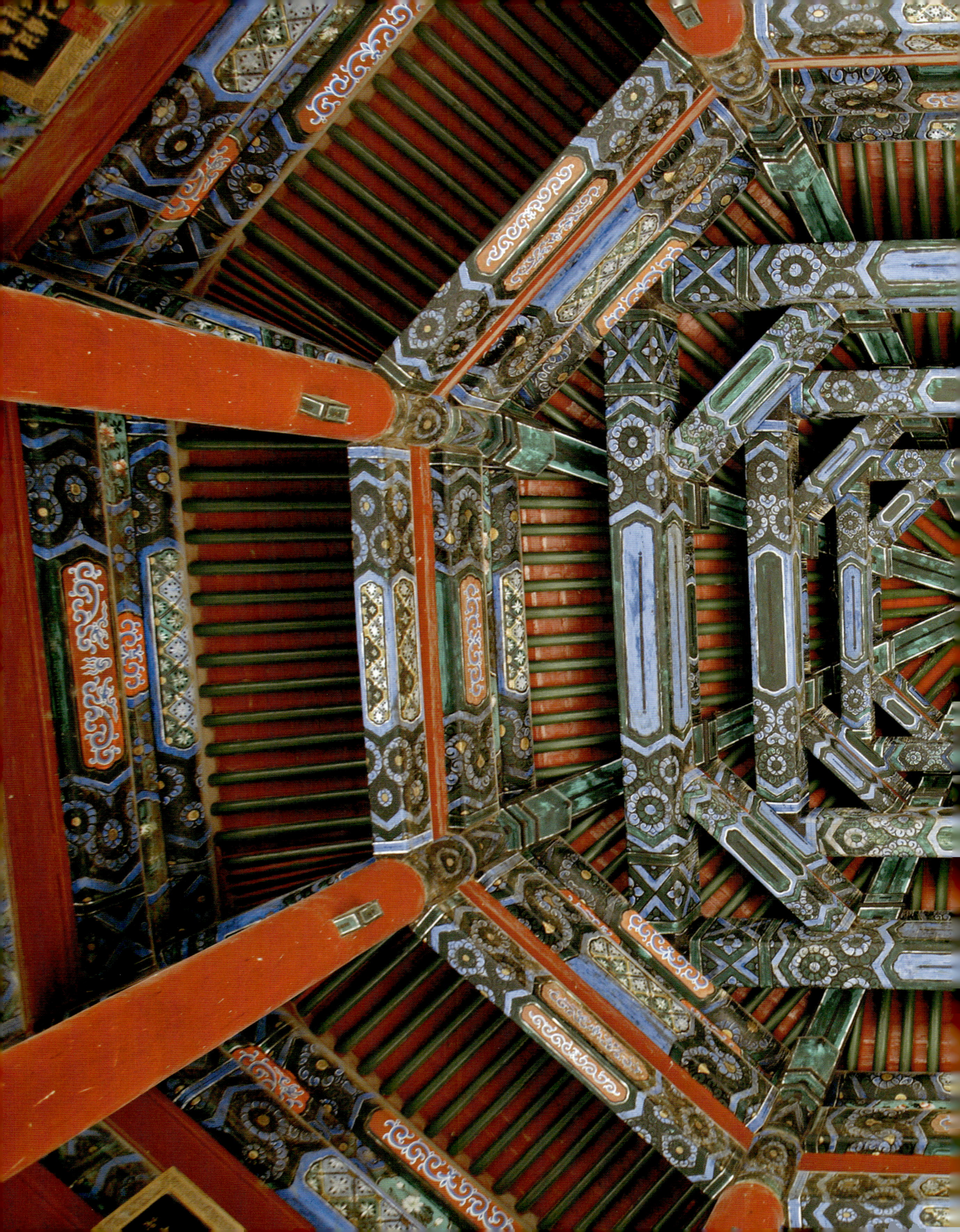

Miniaturbäume: *penjing* und *pun-sai*

Legenden erzählen, wie vor langer Zeit ein Han-Kaiser eine Miniaturlandschaft seines Reiches mit winzigen Hügeln, Tälern, Flüssen, Seen und Bäumen schuf. Sie befand sich in seinem Hof, sodass er sie von seinem Palastfenster aus überblicken konnte. Jeder, der diese Kunstform kopierte, wurde zum Tode verurteilt. Einer anderen Geschichte zufolge züchtete der Dichter und Beamte Guen-ming im 4. Jahrhundert Miniatur-Chrysanthemen in Töpfen; rund 200 Jahre später experimentierten Gärtner der Tang-Dynastie weiter mit dieser Idee.

Landschaftliche Arrangements von Miniaturbäumen und Steingärten, die sogenannten *penjing*, entstanden vor über 2000 Jahren. Vor über 1000 Jahren zogen die Chinesen einzelne Bäume in Töpfen, ohne daraus Landschaften zu formen. Diese dem Bonsai ähnliche, wenn auch noch sehr elementare Kunst wurde *pun-sai* genannt. Die Faszination erwuchs aus der Tatsache, dass die Zwergexemplare mit den winzigen Blättern und dem knorrigen, verkrüppelten Stamm oft Tieren, Vögeln und Drachen zu ähneln schienen. Zahlreiche Mythen und Legenden entstanden gleichzeitig mit der Kunst, und so entwickelte sich das chinesische Bonsai zu einer höchst fantasievollen Handwerkskunst, in der Feuer speiende Drachen und sich windende Schlangen ebenso zum Gesamtbild gehörten wie die Miniaturbäume.

1972 wurden im Grab von Prinz Zhang Huai aus der Tang-Dynastie († 706) Wandmalereien von Sklaven entdeckt, die eine Miniaturlandschaft und Bäume in Töpfen tragen, wahrscheinlich *pun-sai*. Mit der chinesischen Invasion Japans im 14. Jahrhundert verbreitete sich die Kunst des Bonsai auch dort.

Oben: *Vor 1000 bis 1600 Jahren begann man in China, Miniaturbäume in Töpfen zu ziehen. Diese Kunst gelangte im 14. Jahrhundert nach Japan, wo sie als Bonsai bekannt ist.*

Oben und gegenüber: *Mönche, Gelehrte und hohe Beamte schufen die ersten chinesischen Miniaturbäume, deren gedrehte Stämme häufig Drachen, Tiere und Vögel nachbildeten.*

清楓江上秋天遠

Papierkunst

Das frühste bekannte Papier wurde im Kreis Fufeng in Shaanxi gefunden und war während der westlichen Han-Dynastie (206 v. Chr. bis 29 n. Chr.) aus Hanf hergestellt worden. „Echtes" Papier jedoch wurde erst 105 von Cai Lun erfunden (siehe auch Seite 120). Bambuspapier verbreitete sich rund sechs Jahrhunderte später in der Tang-Dynastie (618–907). Heute ist das bekannteste hochwertige Papier in China wohl das weiche weiße Xuan-Papier; es wird im Kreis Jing in der Provinz Anhui hergestellt, ist glatt, saugfähig und beständig und wird in China von allen Papiersorten am häufigsten in der Malerei und der Kalligrafie eingesetzt. Nach dem fernöstlichen Sinn für Ästhetik ist die Wahl des richtigen Papiers ein wichtiger Teil des künstlerischen Prozesses.

Die Kunst des chinesischen Scherenschnitts wurde wahrscheinlich von Adligen in den kaiserlichen Palästen entwickelt, die nach einer Unterhaltung für lange Stunden suchten und Zugang zu der damals so kostbaren Ware hatten. Zwischen dem 7. und dem 13. Jahrhundert entstanden in Scherenschnitttechnik mit Messern und Scheren zahlreiche unglaublich feine Dekorationen und Lampions für Feierlichkeiten und Feste. Schließlich war die Fertigkeit so wichtig und geschätzt, dass zukünftige Bräute ihr Geschick im Scherenschnitt vor der Heirat unter Beweis stellen mussten.

Heute werden im Scherenschnitt häufig die chinesischen Tierkreiszeichen und/oder Tiere dargestellt (Fledermäuse gelten als besonders Glück bringend), aber auch erstaunlich zarte Blüten oder Verzierungen für Geschenkverpackungen. Das Schmücken von Türöffnungen oder Eingängen mit Scherenschnitten soll dem Haushalt Glück bringen.

Papierlaternen gehören oft zu den ersten Gegenständen, die Kinder im Scherenschnitt herzustellen lernen. In China können das fantastische, herrlich farbenprächtige, dekorative und komplizierte Kunstobjekte sein. Mit Sicherheit lassen sie viele Feste fröhlicher wirken. Lampions werden in fünf Kategorien eingeteilt: Als „Babypopo" werden die Miniaturlampions bezeichnet, die zweite Kategorie heißt „Gerolltes Papier" und wird durch die hohen, zylindrischen Lampions vertreten, die häufig Restaurants und Bars schmücken. Die Lampions der dritten Kategorie heißen „Große Rote" oder „Tomatenlicht" und sind runde, mittelgroße Laternen im klassischen Stil. Lampions der Kategorie „Kristallzauber" zeigen eine geometrische Form. In der letzten Kategorie, „Buddhas Küche", finden sich die größten Lampions, die häufig Tempel und Festlichkeiten zieren.

Oben: *In den Papierlaternen wird Chinas Einfallsreichtum sichtbar.*

Links und gegenüber: *Kunstvolle Scherenschnitte erreichen einen erstaunlichen Grad an graziler Komplexität.*

Das *Zhe Zhi,* die chinesische Kunst des Papierfaltens, entstand im Gegensatz zum Scherenschnitt schon kurz nach der Erfindung des Papiers und war damit der Vorläufer des japanischen Origami, das sich erst fünf Jahrhunderte später, etwa 600 n. Chr. entwickeln sollte. Heute beschränkt sich diese Kunst in der Regel auf unbelebte Objekte wie Pagoden, Hüte, Früchte und Boote, im Gegensatz zu den japanischen Stilrichtungen, die sich auf Tiere und Vögel spezialisieren.

Papier wird auch zur Herstellung der unglaublich plastischen Masken der Peking-Oper verwendet. Trotz seines französischen Namens stammt das Papiermaché eigentlich aus China, wo es in der Han-Dynastie (206 v. Chr. bis 220 n. Chr.) zur Herstellung von Topfdeckeln und erstaunlicherweise von Speeren und Helmen benutzt wurde, die durch viele Schichten Lack gehärtet wurden. Während des 8. Jahrhunderts wurden chinesische Kriegsgefangene in das unter arabischer Herrschaft stehende Samarkand geschickt und lehrten dort die einheimischen Handwerker die Kunst der Papier- und Papiermaché-Herstellung.

Natürlich kamen Papier und Holz auch bei der Entstehung der vielen Brettspiele zur Anwendung, die aus China stammen, ebenso bei den Kästchen, in denen die Steine aufbewahrt wurden – ob Mah-jongg oder *Xiangqi,* ein chinesisches Schachspiel, das vor etwa 2000 Jahren entstand.

Oben: *Die traditionellen Holzfiguren des chinesischen Schachspiels* (Xianqi) *stellen Wagen (Turm), Ritter (Springer), Elefanten oder Minister (Läufer), Mandarine (auch Berater, Assistenten oder Leibwächter), Kanonen, Soldaten (Bauern) und einen Feldherrn oder General (König) dar.*

Rechts: *Die aus Papiermaché hergestellten Masken der Peking-Oper erzeugen eine erstaunlich dramatische Wirkung.*

Holz – das Element

In der chinesischen Philosophie nährt Holz Feuer und teilt die Erde. Seine besten Eigenschaften sind Stärke, Flexibilität, Wärme und Großzügigkeit. Es wird mit dem Sehsinn, den Farben Grün und Braun, Geburt und Frühling sowie dem Blauen Drachen des Ostens verknüpft – eine Sternenkonstellation und gleichzeitig ein mythisches schlangenähnliches, flügelloses Wesen mit vier Klauen. Das Element Holz sucht nach Wachstum und Ausdehnung – mit der heute zunehmenden Walddecke in China sollte es dazu mehr denn je Gelegenheit haben in dieser Kultur, die sich so eloquent über die vielen Gesichter des Holzes auszudrücken vermag.

__Hintergrund:__ Der Sanqing-Berg – Bäume und Bambus sind ein wesentliches Merkmal der chinesischen Landschaft. Sie bieten Lebensräume für zahlreiche Tiere und Pflanzen und liefern Holz, das zur Schaffung zahlreicher Objekte verwendet werden kann, von hoch aufragenden Pagoden und Tempeln über Mobiliar und zerbrechliche Kästchen bis zu den zartesten Papierblättern.

METALL

In China gilt Metall als das fünfte Element: Metall zerteilt Holz und durch die Wechselwirkung dieser Materialien entstehen Gebäude, erwachsen Städte und verknüpfen Straßen und Brücken das Ganze zu einem Netzwerk. Die Stadtbevölkerung in China beläuft sich heute auf 540 Millionen Menschen, die sich auf über 20 000 Städte und 600 Großstädte verteilen (49 davon mit einer Einwohnerzahl von über einer Million). Metall bildete den elementaren Unterbau für viele dieser Entwicklungen.

Links: *Goldene Löwenköpfe aus Metall mit mandelförmigen Augen und finsterer Miene starren unergründlich von den Griffbeschlägen eines Gefäßes in Beijings Verbotener Stadt.*

Das fünfte Element

Moderne Hochhäuser scheinen der Schwerkraft zu trotzen, aber auch die Natur selbst kann stellenweise ohne menschliches Zutun ausgesprochen extravagant sein. So schaffen die Kalksteinsäulen im Steinwald in der südwestlichen Provinz Yunnan beispielsweise eine spektakuläre Landschaft aus Säulen, Türmchen und zerklüfteten Felsnadeln, die in den Himmel aufragen.

Die Bronzezeit

Der Gebrauch von Metallwerkzeugen spielte eine grundlegende Rolle bei der Entstehung der chinesischen Zivilisation. In der Bronzezeit, die in China etwa 2000 v. Chr. begann, entdeckten die Menschen zahlreiche Metalle, die sich in Minen abbauen ließen, und lernten bald, wie man durch Einschmelzen von Kupfer und Zinn Waffen, Werkzeuge und Gefäße aus Bronze herstellen konnte. Sobald die Bauern ausreichend Nahrung erzeugen konnten, die für mehr als ihre nächsten Angehörigen reichte, konnte eine strukturiertere Gesellschaft mit strategischen Zielen entstehen. Bergleute, Bronzeschmiede, Töpfer und Bauhandwerker machten sich an ihre Aufgaben, während Soldaten in den Krieg zogen, für den sie Waffen aus Metall brauchten.

Um 1700 v. Chr. stand die chinesische Bronzezeit in voller Blüte und hatte sich an den Ufern des Huanghe ausgebreitet. Hier ritten Shang-Herrscher aus ihren ummauerten Städten in die Schlacht, während die Arbeiter innerhalb der Mauern die Bronze zu zivileren Gegenständen wie Glocken, Trommeln, Kochtöpfen, Bechern und Kesseln verarbeiteten. In vielen Kulturen wurde Bronze zunächst für Werkzeuge und Waffen verwendet, in China diente es vorwiegend für Ritualgefäße. Die Künstler der Shang-Dynastie verzierten ihre Waren mit Spiralmustern und Tierformen wie Elefanten, Widdern, Vögeln, Drachen, Tigern, Bullen, Schlangen und Nashörnern. Spätere Bronzearbeiten aus der Zhou- und der Han-Dynastie waren oft mit Einlegearbeiten aus Gold, Silber oder Türkisen versehen.

In der Shang-Zeit befahlen die Herrscher Tier- und Menschenopfer als Grabbeigaben. Wenn ein mächtiges Mitglied des Königshofes starb, wurden häufig seine Frauen, Diener, Leibwachen, Pferde und Hunde ebenfalls getötet und mit ihm begraben. In der Zhou-Dynastie (1122–256 v. Chr.) ersetzte man die Menschenopfer zunehmend durch Tonmodelle. 1928 begannen wissenschaftliche Ausgrabungen einer alten Begräbnisstätte bei Anyang, der letzten Hauptstadt der Shang-Dynastie. Dabei wurden Königsgräber entdeckt, die Schätze an herrlichen Bronzen, feiner Keramik, Gefäßen und Spiegeln, Marmortieren, Jadeschnitzereien und Elfenbeinbechern mit eingelegten Türkisen enthielten.

Gegenüber: *Ein Goldmuster ziert diese rundliche Nashorn-Bronzeskulptur aus der Han-Dynastie. Die Hörner echter Nashörner kamen in der chinesischen Medizin zur Anwendung.*

Oben: *Alte chinesische Räuchergefäße waren häufig höchst kunstvoll ausgearbeitet. Dieses bronzene Exemplar zeigt Reliefmuster mit jade- und bernsteinfarbenen Einlegearbeiten.*

Die Terrakottakrieger

In der Nähe von Xi'an befand sich das Grab von Chinas erstem Kaiser, Qin Shihuangdi, dem Herrscher von Qin, der China vor über 2200 Jahren rund 11 Jahre vor seinem Tod geeint hatte. Brunnenbohrungen führten 1974 zur Entdeckung der Grabstätte. Als die unterirdische Kammer schließlich eröffnet wurde, kam eine der erstaunlichsten Ausgrabungsstätten der Bronzezeit ans Licht – die Ruhestätte der Terrakottaarmee. Über 7500 lebensgroße Wagenlenker und Kavalleristen, Pferde, marschierende Infanteristen und kniende Bogenschützen waren hier aufgestellt, alle aus Terrakotta hergestellt. Wie Momentaufnahmen der Vergangenheit hatte man die einzelnen Figuren in Formen gegossen, Köpfe und Hände jedoch waren getrennt hergestellt und gebrannt worden und trugen individuelle Gesichtszüge, Frisuren und Bronzerüstungen. Die Figuren wurden von etwa 700 000 Arbeitern geschaffen, bemalt und mit echten Waffen versehen. Die Decke des gewaltigen Mausoleums wurde mit Sternen aus Perlen versehen und über den Boden strömten „Flüsse" aus Quecksilber als Symbol der Gewässer der Erde.

Die Qin-Herrschaft brach kurz nach dem Tod des ersten Kaisers 210 v. Chr. zusammen, aber seine gewaltige Leibwache kann heute noch in dem Museum bewundert werden, das um die Grabstätte herum gebaut wurde.

Oben und rechts: *Kaiser Qins Terrakottaarmee wurde 1974 in der Nähe von Xi'an entdeckt. Qin einte die Krieg führenden Klans zu einer Nation und ließ dann fast 8000 Figuren zusammentragen, die sein Grab bewachen sollten.*

Folgende Seiten: *Diese erstaunliche Sammlung lebensgroßer Krieger und Pferde blieb 2200 Jahre lang verborgen. Bisher wurden erst drei unterirdische Gruben von insgesamt 22 000 m² Fläche freigelegt.*

Jade und andere wertvolle Materialien

Nach der Shang-Periode erlangten rituelle Gefäße eine zunehmende Bedeutung – sie wurden von Priestern und Adligen bei Zeremonien verwendet. Ihre üppig verzierten Oberflächen wiesen Einlegearbeiten aus Gold, Silber und Edelsteinen auf. Eisen tauchte erst im 5. Jahrhundert v. Chr. in China auf, aber auch nach seiner Entdeckung wurde Bronze weiterhin verwendet.

Gold, Silber und Bronze übertrafen jedoch nie die spirituelle Vorherrschaft der Jade – eines höchst geschätzten Materials, dem magische Kräfte nachgesagt wurden und das den Namen „Stein des Himmels" trug. Da es zu hart zum Schneiden war, wurde seine Oberfläche mühsam mit härteren Steinen wie zerkleinerten Granaten abgeschliffen, bis eine glatte Form entstand. Jade wird mit Tugend, Anmut, Würde, Gesundheit und Glück assoziiert; nur hohe Beamte der Westlichen Han-Dynastie (206 v. Chr.–9 n. Chr.) durften neben Jadegegenständen aus glattem, glänzendem Nephrit begraben werden, der antiken Jade, die in China rund 9000 Jahre lang in Ritualen und als Schmuck verwendet wurde. Die seltenere mineralische Form der Jade, Jadeit, auch „König der Jade" genannt, tauchte erst viel später in der frühen Qing-Dynastie auf (nach 1644).

Das Kaiserhaus gab den Jadeschnitzern Werkstätten und bald erreichten ihre Fähigkeiten neue Höhen und Raffinesse. Im Laufe der Jahrhunderte wurden aus Jade komplizierte Zepter, Gürtelschnallen, Haarschmuck und Zierrat hergestellt – häufig mit einem komplexen geschnitzten Phoenix- oder Drachenemblem verziert. Auch ganze Statuen wurden aus dem Material hergestellt, etwa der sitzende und der liegende Buddha im Jadebuddha-Tempel in Shanghai, die aus funkelnder, kristallklarer weißer Jade geschnitzt sind.

Gegenüber: *Lebendige Figuren mit feinen Details und satten Farben in einem prächtigen Jaderelief im Museum von Zhu Jia Jiao an der Seidenstraße.*

Unten: *Dieser liegende Buddha aus leuchtend weißer Jade befindet sich im Jadebuddha-Tempel von Shanghai. Der Tempel wurde 1928 für zwei wertvolle Jade-Buddhastatuen erbaut.*

Hintergrund: *Prächtiges Blattgold verleiht vielen Kunstwerken in China Prunk, vor allem in Tempeln und Palästen. Hier strahlt ein goldenes Gesicht aus seiner glänzenden Umgebung hervor.*

Oben: *Luxuriöse Reliefdekorationen schaffen einen schönen Symmetrieeffekt an einer goldenen Tempeltür in Beijing. Gold wurde aber auch für weltliche Zwecke wie Münzen eingesetzt.*

Transportwege in China

Die große Landmasse Chinas wird heute von 12 Hauptverkehrsadern durchquert – fünf senkrechten und sieben waagerechten. Sie gehören zum 3,48 Millionen km langen Netz von Straßen, die das Land durchziehen. Jedes Jahr kommen weitere 4000 km Schnellstraßen hinzu, die sich über insgesamt rund 45400 km wie Tentakeln durch das Land schlängeln. Dieses Straßennetz ist nach den USA das zweitgrößte der Welt – und entstand erst nach 1988. Die 2000 km lange Jingzhu-Autobahn ist die längste Straße des Landes.

Chinas Schienennetz umfasst etwa 76000 km und gehört zu den verkehrsreichsten der Welt; auf nur 6 Prozent der weltweiten Schienenstrecken wird fast ein Viertel des Schienenverkehrs der Erde abgewickelt. Zu Chinas Fuhrpark gehören immer noch einige industrielle Dampflokomotiven, und mehrere wendige Bergbahnen schnaufen durch das schwierige Gelände im Südosten.

Rikschas waren im 19. Jahrhundert ein beliebtes Transportmittel, aber die zweirädrigen, von Menschen gezogenen Wagen wurden schließlich durch Fahrrad- und Autorikschas ersetzt. Von Menschen gezogene Rikschas sieht man heute wieder häufiger auf den Straßen von Beijing, wo sie gemischte Reaktionen hervorrufen, nachdem sie mehrere Jahrzehnte lang vom Vorsitzenden Mao verboten worden waren und allgemein als Symbol der Unterdrückung gelten.

China wird auch das Königreich der Fahrräder genannt, da es hier 300 bis 500 Millionen Fahrräder gibt – etwa jeder Dritte besitzt also eines. Häufig werden sie schwer beladen, transportieren drei Familienmitglieder auf einmal und tragen bedeutend zum Verkehrsstau in den Städten bei. Nach wie vor ist das Fahrrad das beliebteste persönliche Transportmittel, obwohl die Zahl der Autobesitzer rapide zunimmt. 2002 explodierte die chinesische Nachfrage nach Autos um 56 Prozent. Obwohl das eher ein kurzzeitiges Phänomen war, wird eine Zunahme der Verkaufszahlen um 10–20 Prozent jährlich erwartet.

Brückenbau

China verfügt über zahlreiche bekannte Brücken. Die 1968 eröffnete Jangtse-Brücke in Nanjing war die erste moderne Brücke über diesen Fluss. Sie wurde ohne ausländische Hilfe errichtet und gilt damit als bedeutender Triumph des chinesischen Bauingenieurwesens. Die 2000 fertiggestellte Jangtse-Brücke in Wuhu ist mit über 10 km Länge und einer Hauptspannweite von etwa 312 m Chinas längste Straßen- und Schienen-Schrägseilbrücke. 2003 wurde dann die längste Bogenbrücke der Welt – die neue Lupu-Brücke mit ihrem fantastischen Stahlfachwerkbogen – in Shanghai eröffnet, die Runyang-Brücke wurde 2005 dem Verkehr übergeben. Diese Doppelbrückenkonstruktion überspannt den Jangtse hinter Nanjing; ihre Südhälfte besteht aus einer Hängebrücke mit einer Hauptspannweite von 1490 m und ist damit Chinas längste Hängebrücke und die drittlängste der Welt. 2007 wurde die gewaltige Hangzhou Bay Bridge vor der Ostküste offiziell eröffnet. Sie verbindet die Gemeinden Shanghai und Ningbo. Mit ihrer sechsspurigen Autobahn und einer Gesamtlänge von 36 km ist sie die längste „Meeresbrücke“ der Welt.

Rechts, ganz rechts und unten: *Fahrräder, Rikschas oder eine Kombination daraus waren lange Zeit beliebte Transportmittel in China. Rikschas tauchten zuerst in Japan auf, wurden aber 1874 nach Hongkong importiert – in ihrer Blütezeit in den 1920er-Jahren waren rund 3000 im Einsatz.*

Gegenüber oben: *Die Jitong-Bahnstrecke, einst die letzte ausschließlich mit Dampfloks befahrene Schienenstrecke der Welt, zieht sich durch das Chingan-Gebirge. 2005 stellte man auf Diesel um. Hier setzt ein Dampfzug zum Überholen eines noch älteren Transportmittels an – eines Mauleselkarrens.*

Gegenüber unten: *Shanghai protzt mit einer futuristischen Magnetschwebebahn – mit 431 km/h gegenwärtig der schnellste Passagierzug der Welt.*

Hintergrund: *Die höchste Eisenbahnstrecke der Welt, die Qinghai-Tibet-Bahn, erreicht bei ihrem Weg durch die öde, gefrorene Landschaft 5072 m über dem Meeresspiegel.*

Vor sehr viel längerer Zeit wurde in Beijing die Lugou Qiao, auch bekannt als Marco-Polo-Brücke, errichtet. Sie zählt zu den frühesten segmentierten Steinbogenbrücken; auf ihren Stützpfeilern kauern 485 wunderbar gearbeitete Steinlöwen, von denen keine zwei einander gleichen. Die ursprünglichen, 1192 erbauten Bögen wurden im 17. Jahrhundert vom Wasser fortgerissen; heute ist die Brücke eine Zusammensetzung aus verschiedenen Ären. Im Prinzip überspannt sie den Fluss Yongding jedoch seit über 800 Jahren und wird besonders wegen ihrer wunderbaren Aussicht auf den Mond geschätzt, den man beim Mittherbstfest vom Aussichtspunkt auf der Brücke aus bewundern kann.

Die meisten alten Brücken in China sind Steinbogenbrücken. Im Kreis Taishun in der Provinz Zhejiang überspannen 900 überdachte Brücken Bäche und Täler zwischen spitzen Berggipfeln. Die Dongxi-Brücke mit ihren geschwungenen Dachsparren wurde während der Ming-Dynastie (1368–1644) erbaut; in der Nähe befindet sich die Beijian-Brücke mit 15 kleinen, geschlossenen „Räumen", die einen langen, überdachten Korridor bilden. Diese beiden „Schwesterbrücken" gelten als Chinas schönste Bogenbrücken. Die extravagante Liuwen-Brücke stellt dekorative Opulenz zur Schau, die Xianju-Brücke in Wenzhou dagegen ist eine einfache, alte Holzbogenbrücke mit einem langen, geschwungenen Hauptfeld.

Die Baugeschichte großer Straßen reicht über 2000 Jahre bis zur Seidenstraße zurück, einer Handelskarawanenroute, die Wissenschaftlern zufolge etwa 100 v. Chr. erstmals als Verbindung zwischen verschiedenen Nationen diente. Ihre Gesamtlänge (einschließlich einiger Seemeilen) betrug etwa 7000 km zwischen Rom und Xi'an, der Hauptstadt der Provinz Shaanxi.

Bis zum 15. Jahrhundert blieb sie die Hauptroute für Reisende und Händler, dann boten neu entdeckte Seerouten nach Asien Alternativen. Die Seidenstraße war nicht eine einzige lange Straße, sondern bildete ein Netzwerk aus verschiedenen Routen, die sich über Asien hinweg gabelten und verzweigten. Porzellan, Pelze, Edelsteine, Bronzen, Schießpulver, Papier und die namenstiftende Seide reisten aus China auf der Seidenstraße in Richtung Westen. Parfüms, Pfeffer, Nelken und fernöstliche Gewürze wurden ebenfalls nach Westen transportiert. Bernstein, Elfenbein, Teppiche, Pferde, Parfüm, Wolle, Kosmetika und Glas aus Europa, Zentralasien, Arabien und Afrika sowie Edelmetalle wie Silber und Gold legten dieselbe Strecke nach Osten zurück. Die Öffnung dieser Handelsroute erleichterte auch den Austausch von Kultur, Kunst, Philosophie und Ideen.

Unten: *Die Lugou Qiao (Schilfrohrgossenbrücke) oder Marco-Polo-Brücke, die den Fluss Yongding in der Nähe von Beijing überspannt, zeigt 11 Steinbögen und 485 gemeißelte Steinlöwen.*

Hintergrund: *Die Nanchang-Jiujiang-Autobahn und die Nanchang-Brücke in der Provinz Jiangxi ermöglichen dem Durchgangsverkehr die Umgehung der verstopften Straßen von Nanchang.*

Antike Städte

Neben der Seidenstraße am nördlichen Rand der Taklamakan-Wüste sind die 2000 Jahre alten Ruinen der Oasen-Garnisonsstadt Gaochang am Fuß der Flammenden Berge und südöstlich der modernen Stadt Turfan noch heute ein beeindruckender Anblick. Zu sehen gibt es neun Stadttore, Tempel, Türme, Mönchsbehausungen, eine Grotte mit schönen Wandbildern, Palastüberreste und „Khan's Castle" – eine quadratische Ziegelpagode auf einer hoch gelegenen Terrasse im Norden der Stadt.

Ebenfalls in der Nähe von Turfan thront seit 2300 Jahren die alte Stadt Jiaohe (Yarkhoto) auf einer Klippe. Sie gehört zu den größten, ältesten und am besten erhaltenen Lehmsiedlungen. Sie umfasste rund 700 Haushalte mit 6500 Einwohnern und 865 Soldaten. Obwohl sie nach der Plünderung durch Dschingis Khans Mongolen im 14. Jahrhundert verlassen wurde, haben zahlreiche Häuser, Tempel, Straßen und Friedhöfe die Zeit überdauert.

Die Bergstadt Chongqing, ein großer Hafen am oberen Jangtse und eine beliebte Zwischenstation für Besucher der Drei Schluchten und ihres gewaltigen Staudamms, ist heute ein wichtiges Industriezentrum. Ihr hoher Industrialisierungsgrad scheint im Widerspruch zu ihren alten Ursprüngen zu stehen. Ihren heutigen Namen verlieh ihr Kaiser Guangzong der Südlichen Song-Dynastie im Jahr 1189, aber weit vorher, im 13. Jahrhundert v. Chr., war sie die Hauptstadt des Königreiches der Ba. Etwa eine Stunde Autofahrt westlich des Stadtzentrums liegt die alte Stadt Ciqikou (Porzellanhafen), ein wichtiges Zentrum der Porzellanproduktion in der Ming- und der Qing-Dynastie.

Nicht weit entfernt befindet sich der Hafen Hechuan mit seiner weißen Pagode. Hier fand der längste durchgehende Militärfeldzug auf chinesischem Boden statt, als die Song-Truppen rund 36 Jahre lang mongolische Eindringlinge abwehrten (1243–1279). Ebenfalls in der Nähe liegt die Stadt der Geister (Fengdu), in der Tempel, Schreine und Wachsfiguren lebhafte und blutrünstige Darstellungen der Höllenqualen liefern.

***Rechts:** In Bäzäklik in der Nähe von Turfan befinden sich die Tausend-Buddha-Höhlen, ein Komplex aus Tempeln, Grotten und behauenen Felswänden, der zwischen dem 5. und dem 9. Jahrhundert errichtet wurde.*

***Nebenbild gegenüber:** Zu den Lehmruinen von Jiaohe inmitten von nackten Felswänden und gewundenen Flüssen gehören 34 Straßen, 1389 Häuser, 53 buddhistische Tempel und 316 alte Brunnen.*

Mächtiges Shanghai

Chinas größte Industriestadt und einer der größten Frachthäfen der Welt liegt an der Mündung des Jangtse und erstreckt sich mit seinen 18,7 Millionen Einwohnern über 7037 km². Das ursprüngliche Fischerdorf wuchs von der Mitte des 10. Jahrhunderts an zu einem geschäftigen Seehafen heran und erhielt schon während der Yuan-Dynastie im Jahr 1291 den Status eines Landkreises. Die Stadt zog die unwillkommene Aufmerksamkeit japanischer Piraten auf sich, bis im 16. Jahrhundert eine Schutzmauer errichtet wurde.

Bis vor relativ kurzer Zeit war Shanghai berüchtigt für seine Slums, Gangster und Opiumhöhlen. Heute hat es sich als moderne Stadt und pulsierender Hafen neu erfunden und zieht nun ehrbarere Besucher an. Am sogenannten Bund (ein anglo-indianischer Begriff für „schlammiges Ufer") im Hafenviertel findet sich eine reichhaltige Sammlung von Architektur des 20. Jahrhunderts, prächtiger Kolonialbauten im klassizistischen und Art-déco-Stil; auf dem begrenzten Raum drängen sich Banken, Handelshäuser, Hotels, Konsulate und Clubs.

Die neueren Gebäude konzentrieren sich auf Pudong, das auch die Wall Street Asiens genannt wird. Es ist hauptsächlich ein Finanz- und Geschäftszentrum, wo die Hauptsitze multinationaler Unternehmen und Banken eine atemberaubende Skyline mit zahlreichen exotischen Wolkenkratzern bilden, darunter dem höchsten Turm in Asien – dem Oriental-Pearl-Fernsehturm – und dem spektakulären Jin-Mao-Gebäude. Die 5 km lange Nanjing-Straße gehört zu Chinas belebtesten Einkaufsstraßen. Im scharfen Kontrast zu dieser geschäftigen Welt steht Shanghais Jadebuddha-Tempel (siehe auch Seite 198), in dem sich mehrere goldene Buddhas sowie die bemerkenswerten Jadestatuen befinden, nach denen er benannt wurde.

In der Altstadt finden sich der Tempel der Stadtgötter *(Chenghuang Miao)* aus der Ming-Zeit, der belebte Basar in den Yu-Gärten, das 1784 von Baumwollhändlern erbaute Huxington-Teehaus und der Yuyuan-(oder Mandarin-)Garten aus dem 16. Jahrhundert im traditionellen Jianghan-Stil, zu dem ein Garten im Garten mit Karpfenteichen, drachengeschmückten Mauern und Zickzackwegen gehört. Ein gewaltiger Steingarten bildet die südchinesische Landschaft mit Gipfeln, Schluchten und Höhlen nach.

***Rechts:** Shanghais fantastische erleuchtete Silhouette; der exquisite Oriental Pearl Tower mit seinen 11 verschieden großen Kugeln erhebt sich 469 m über dem Ufer des Flusses Huangpu.*

***Oben:** Zwei gewaltige Wolkenkratzer – das Shanghai World Financial Centre, seit September 2007 Chinas höchstes Gebäude, erhebt sich direkt neben dem Jin-Mao-Gebäude, dem zweithöchsten auf dem chinesischen Festland.*

Gegenüber: *Massiver Türgriff am Konfuziustempel in Shanghai. Er stammt aus dem Jahr 1855, der erste Tempel wurde jedoch bereits 1267 hier erbaut.*

Links: *Die East Sculpture auf Shanghais Century Square. Auf diesem größten Platz in Shanghai stehen zahlreiche faszinierende Skulpturen und moderne Architekturstrukturen.*

Unten: *Pavillons im 400 Jahre alten Yu-Garten in Shanghais Altstadt. Nach seiner Restaurierung war der Garten 1961 wieder öffentlich zugänglich und wurde 1982 zum Nationalmonument erklärt.*

Nanjing

Die reizende Stadt Nanjing, Hauptstadt der Provinz Jiangsu, liegt am Ufer des Jangtse in der Nähe der Purpurberge. Ihr kulturelles Erbe geht bis ins Jahr 472 v. Chr. zurück. 229 n. Chr. erklärte Kaiser Sun Quan Nanjing zu seiner Hauptstadt; diesen Status behielt die Stadt über mehrere Dynastien hinweg. Viele Jahrhunderte später unterzeichnete man hier 1842 den Vertrag von Nanjing, in dem Hongkong über ein Jahrhundert lang an Großbritannien abgetreten wurde.

Zu den Sehenswürdigkeiten der Stadt gehören breite, geschwungene Alleen, prächtige Stadtmauern und zwei bedeutende Mausoleen: das des Sun Yat-sen (des Vaters der Republik China, der die Revolution von 1911 gegen das Feudalsystem anführte), ein prachtvolles, 8 ha großes Gelände, und das Ming-Xiaoling-Mausoleum für Kaiser Ming Taizu (oder Zhu Yuanzhang), der 1368 die Ming-Dynastie begründete. Der Legende nach sollen nach dem Tod des Kaisers 13 identische Begräbnisprozessionen von ebenso vielen verschiedenen Stadttoren aus gestartet sein, um die wahre Grabstelle des Kaisers geheim zu halten und das Risiko von Grabplünderungen zu verringern.

An den Hängen des Berges Zijinshan befindet sich neben einem Observatorium auch der Konfuziustempel. Er wurde 1034 zu Ehren des großen Philosophen und Lehrers erbaut. Seit seinem Wiederaufbau 1984 nach den Kriegsschäden beim japanischen Angriff auf Nanjing im Jahr 1937 stehen hier die größte Konfuzius-Statue in China sowie 38 Tafeln aus Jade, Gold und Silber mit Darstellungen seiner Lebensgeschichte.

Rechts: *Das pompöse Mausoleum von Sun Yat-sen (genannt der Vater des modernen Chinas) schmiegt sich an einen Berghang in Nanjing. Sun Yat-sen gründete 1911 die Republik China. Die 392 Steinstufen, die zum Gebäude führen, stehen für die 392 Millionen Menschen aller Nationalitäten, die in China lebten, als das Grab erbaut wurde.*

Hintergrund: *Der Qinhuai, ein Nebenarm des Jangtse, schlängelt sich durch die südlichen Teile des alten Nanjing. Hier sind alle Gebäude und Boote nachts hell erleuchtet.*

Yangzhou, Chengde, Chengdu und Suzhou

Yangzhou blickt auf eine Geschichte von fast 2500 Jahren zurück und ist seit der Tang-Dynastie (618–907) wichtiger Wirtschaftsknotenpunkt, Kulturzentrum und Kaiserkanalhafen. Im 9. Jahrhundert ließ ihre strategische Lage am Kaiserkanal die Stadt aufblühen. Man glaubt, dass Marco Polo in den 1280er-Jahren unter dem Mongolenherrscher Kublai Khan hier drei Jahre lang einen Posten als Gouverneur innehatte. Heute ist die Stadt berühmt für ihre erstklassigen öffentlichen Badehäuser, die geschäftigen Kaie, ihre attraktiven alten Häuser und die winzige Steinpagode aus der Tang-Dynastie im Schatten eines tausendjährigen Ginkgo-Baums. In der Nähe liegt der herrliche Slender West Lake (ein künstlicher See aus der Tang-Zeit), gesäumt von Trauerweiden und Pavillons. Mehreren Dichtern jener Zeit diente er als Inspirationsquelle (siehe Seite 90). Im Nordwesten befindet sich der Daming-Tempel aus dem 5. Jahrhundert, wo der Mönch Jianzhen in der Tang-Dynastie studierte, bevor er ein berühmter buddhistischer Lehrer wurde, der schließlich dabei half, die Religion in Japan zu verbreiten.

Der Bergort Chengde in der Provinz Hebei nordöstlich von Beijing entstand in der Neusteinzeit und blickt auf eine bewegte Geschichte mit Einwohnern verschiedener ethnischer Gruppen zurück, wie den Xiongnu und den Mongolen, die in der Gegend von der Qin- (221–207 v. Chr.) bis zur Ming-Dynastie (1368–1644) als Nomaden lebten. In der Qing-Dynastie (1644–1911) wurde er zur kaiserlichen Sommerresidenz und ist heute berühmt für den Kaiserlichen Sommerpalast und die acht äußeren Tempel im Norden der Stadt, die für die Herrscherfamilien errichtet wurden. Diese Familien verbrachten die heißen Sommermonate hier in einem angenehmeren Klima und genossen neben dem Bergpanorama die Annehmlichkeiten der Paläste, Tempel, Pavillons und kaiserlichen Gärten.

Nördlich von Chengde steht der Puning-Tempel, eine hervorragende Mischung chinesischer und tibetanischer Architektur. Die 1755 errichtete Anlage wird wegen ihrer 22 m hohen Buddhastatue aus Kiefern-, Zypressen-, Ulmen-, Tannen- und Lindenholz auch Tempel des Großen Buddhas genannt. Sie gehört zu den größten Holzstatuen in China und stellt mit ihren tausend Augen und Armen Guanyin dar, den Bodhisattva des Mitgefühls.

Die Hauptstadt von Sichuan ist Chengdu, eine 2000 Jahre alte Stadt voller Tempel, Parks und sehenswerter Ausflugsorte in der Nähe, darunter die Panda-Zuchtstation und das im 10. Jahrhundert gegründete buddhistische Kloster Baoguang Si mit seiner 30 m hohen Pagode. Südlich von Chengdu bei Leshan steht eine der interessantesten Buddhastatuen überhaupt – die größte Buddha-Steinstatue der Welt. Sie wurde aus einer nackten Felswand herausgemeißelt; 90 Jahre, von 713 bis 803, dauerte die Fertigstellung der 71 m hohen Figur. Man hoffte, Buddhas Anwesenheit würde die turbulenten Wasserwirbel besänftigen, die hier durch das Zusammenströmen der drei Flüsse Min, Qingyi und Dadu entstehen.

Wasserliebhaber kommen in Suzhou am Unterlauf des Jangtse auf ihre Kosten, denn rund 42 Prozent des Stadtgebiets gehören dem nassen Element: Ihr Flickenteppich aus Kanälen, Seen, Teichen und Bächen hat der Stadt den Namen „Venedig des Ostens“ eingetragen. Hier finden sich Seiden- und Stickfabriken, Tempel und wunderbare Gärten, darunter der Garten des Meisters der Netze, eine Welterbestätte der Vereinten Nationen. Heute können die Besucher Teiche, gewundene Pfade, kleine Brücken aus Stein und Holz, Pavillons, Türme, Felsgipfel, Bäume und blühende Sträucher bewundern.

Links: *Die moderne Erscheinung von Sichuans Hauptstadt Chengdu, die auf mindestens zwei Jahrtausende Geschichte zurückblickt und sich aus einer 4000 Jahre alten Kultur der Bronzezeit entwickelte. Heute ist sie mit etwa 10 597 000 Einwohnern die fünftgrößte Stadt Chinas.*

Unten: *Eine alte Straße in Chengdu, das heute ein Finanzzentrum für Westchina ist, aber auch für die Herstellung traditionellen Seidenbrokats, von Satin und der ersten Papierwährung der Welt „Jiao Zi" im Jahr 1023 berühmt ist.*

Gegenüber: *Die größte Dafo-Statue (Großer Buddha) in Leshan nahe Chengdu ist eine 71 m hohe Steinskulptur, die 803 fertiggestellt wurde. Heute gehört sie zu den Welterbestätten der UNESCO.*

Links: *Chengdu, das Tor zu Tibet und der südlichen Seidenstraße, ist berühmt für seine Silberarbeiten wie diesen reich verzierten Pfau und für Schmuck, Seidentapeten und Kunstgegenstände.*

Unten: *Suzhou entstand im 5. Jahrhundert v. Chr. und gilt mit seinem Netz aus Kanälen, Brücken und Seen als Chinas „Venedig“. Einst war es von Gelehrten und Händlern bevölkert und gelangte durch die Seidenherstellung zu Wohlstand.*

Chinesische Gärten

In einem chinesischen Garten warten an jeder Ecke Geheimnisse und Überraschungen; während der Besucher voranschreitet, wandelt und entwickelt sich die Szenerie. Ständig kann etwas Neues entdeckt werden, sei es ein aufragender Fels, eine Bambusgruppe oder ein eleganter einzelner Baum. Türen, Galerien und hübsch geformte Fensterdurchbrüche in Mauern bilden einen Rahmen für die stetig wechselnde Aussicht, während Steingärten, Bäche und Böschungen die natürliche Welt nachbilden. Seit über 3000 Jahren experimentiert man in China mit Gartenanlagen – gelegentlich werden sie als kosmische Diagramme betrachtet, die es dem Beobachter ermöglichen, seinen Platz in der Welt zu bestimmen.

2002 fanden Wissenschaftler in einer Steinplatte in Nordostchina die fossilen Überreste der möglicherweise ersten Blütenpflanze der Welt: Sie müsste vor mindestens 125 Millionen Jahren hier geblüht haben. Die meisten beliebten Zierpflanzen und Blumen in unseren Gärten stammen ursprünglich aus China; dazu gehören eine Vielzahl von Azaleen, Kamelien, Apfelsorten, Chrysanthemen, Nelken, Forsythien, Mandelkirschen und Pfirsichbäumen, Gardenien, Stockrosen, Wisterien und Pfingstrosen – Chinas Nationalblume.

In Sanshui in der Provinz Guangdong ehrt die neu angelegte 66,7 ha große *Lotus World* die herrliche Blüte mit einer Sammlung der meisten identifizierten Lotus-Varietäten – rund 300 Arten.

***Gegenüber:** Die Gold- und die Silberpagode in den Gärten am Banyan-See stellen Sonne und Mond dar. Die Sonnenpagode ist mit neun Stockwerken die höchste Kupferpagode der Welt.*

***Unten:** In chinesischen Gärten laden unerwartete Aussichten zu Entdeckungen ein. Hier nimmt die gebogene Gestalt eines Bonsai die Kurven einer Vierpass-Türöffnung wieder auf.*

Hintergrund: *Ein Kreuzfahrtschiff legt am Harbour City Ocean Terminal in Hongkongs Victoria Harbour an.*

Unten links: *Der Bank of China Tower mit dem unverkennbaren Dreieckmuster. 1990 wurde mit diesem Gebäude erstmals außerhalb der USA eine Höhe von über 305 m erreicht.*

Unten rechts: *Die atemberaubende nächtliche Skyline von Hongkong – Tausende von Lichtern glitzern in der Bucht.*

Hongkong

Die für ihre ultramoderne Skyline aus Stahl und Glas berühmte Stadt bietet atemberaubende Ansichten – ob vom Land aus oder vom Meer, so wie viele Seeleute und Reisende bei der Anfahrt auf Victoria Harbour erstmals einen Blick auf die Mischung aus Berggipfeln und gewaltigen Gebäuden erhaschten. 1888 kam mit Eröffnung der Peak Tramway ein weiterer Blickwinkel dazu. Von 1500 m Stahlkabel gezogene Seilbahnkabinen bringen die Passagiere auf den Victoria Peak, mit 552 m der höchste Punkt in Hongkong. Zuvor war es nur wenigen wohlhabenden Einwohnern vergönnt gewesen, diesen Gipfel zu erreichen, indem sie sich in Sänften hinauftragen ließen.

Hafenrundfahrten auf der berühmten Star Ferry bieten eine weitere Gelegenheit, die aufregenden Ansichten zu genießen, und nachts, wenn Tausende blinkender Lichter sich im Wasser spiegeln, ist der Ausblick auf diese außerordentlich moderne Stadt sogar noch atemberaubender – manchmal sogar noch gekrönt von Lasershows und Feuerwerk.

Nach der Besetzung durch die Briten 1841 (im Anschluss an den Ersten Opiumkrieg 1839) wurde Hongkong zu einem florierenden Freihafen und einem strategischen Angelpunkt für das Britische Imperium; 1898 wurden zusätzlich auch die New Territories (Lantau Island und die angrenzenden Gebiete im Norden) für 99 Jahre an Großbritannien verpachtet. Im Zweiten Weltkrieg wurde Hongkong von den Japanern besetzt und 1997, als die Briten fortgingen, fiel die Hoheit über die Stadt an China zurück. Trotz der Sorge um eine mögliche Änderung der politischen Ausrichtung bleibt Hongkong ein Leuchtfeuer des freien Marktes und der Niedrigbesteuerung und setzt seine Entwicklung als wichtiges Finanz- und Handelszentrum fort. Seine Einwohnerzahl liegt bei fast 7 Millionen.

Neue, große Brücken verbinden heute das Stadtzentrum mit Lantau, wo sich der Flughafen befindet: Kap Shui Min, die längste Schrägseilbrücke der Welt, Tsing Ma, die sechstgrößte Hängebrücke der Erde, und Ting Kau, die erste große vierfeldrige Schrägseilbrücke überhaupt.

In architektonischer Hinsicht ist Hongkong schlichtweg überwältigend. Mit dem Flugzeug anreisende Besucher kommen gleich bei der Ankunft auf dem vom Briten Norman Foster entworfenen Hong Kong International Airport in Berührung mit Chinas modernen Hightechgebäuden. Der 1998 eröffnete Flughafen wird wegen seiner „extremen technischen Gestaltung" gepriesen. Foster zeichnet auch für die dramatischen Außenskelettträger und den Fahrstuhl-Eingang in der 1986 erbauten Hong Kong and Shanghai Bank verantwortlich ... aber es gibt hier so viele außergewöhnliche Gebäude, darunter der Bank of China Tower (eröffnet 1990) mit seinem Stahlrahmen und der spiegelglatten Glasfassade, auf der gleißende Dreieck- und Rautenmuster prangen – der drittgrößte Wolkenkratzer in Hongkong. Der höchste ist das 90-stöckige International Finance Centre 2, gleichzeitig das siebtgrößte Bürogebäude der Welt, da seine Antenne bis in 415,8 m Höhe reicht. Das derzeit im benachbarten Kowloon gebaute International Commerce Centre wird nach seiner Fertigstellung 2010 Hongkongs höchstes Bauwerk und das viertgrößte Hochhaus der Welt sein.

China erlebt derzeit einen bemerkenswerten wirtschaftlichen Aufschwung: Der jüngste Ausbruch exportgestützten Wohlstands verleiht China ein völlig neues Image, das besonders an Orten wie Hongkong und Shanghai deutlich sichtbar wird.

***Links:** Die 1997 fertiggestellte Tsing-Ma-Brücke, die die Insel Tsing Yi über den Ma-Wan-Kanal mit der Insel Ma Wan verbindet, ist die sechstlängste Hängebrücke der Welt und die längste für Auto- und Zugverkehr.*

Hintergrund: *Die fantastische Skyline von Hongkong und die geschwungene Bucht – vom Victoria Peak aus eine spektakuläre Ansicht bei Tag wie bei Nacht. Hier liegen einige der teuersten Grundstücke der Welt.*

Rechts: *Die Peak-Tramway-Seilbahn ermöglicht seit ihrer Eröffnung 1888 einen leichteren Zugang zum hoch gelegenen Aussichtspunkt als den vorher nötigen schwierigen Aufstieg zu Fuß oder in der Sänfte.*

Beijing: die Hauptstadt

Nach dem internationalen Rummel von Hongkong kehren wir wieder zu Chinas Erbe zurück, das sich am eingehendsten in seiner Hauptstadt Beijing entdecken lässt. Seit ihrer Ernennung zur kaiserlichen Hauptstadt 1279 erlebte sie die mongolische Yuan-, die Ming- und die Qing-Dynastie und hat zwar wenig schwindelerregende Wolkenkratzer und kosmopolitische Einkaufszentren zu bieten, aber die alten Gassen, Tore, Mauern, Tempel, Paläste und herrlichen Gärten bleiben den meisten Besuchern unvergessen.

Die Stadt ist streng geometrisch angelegt und an vielen Stellen symmetrisch aufgebaut; im Kern besteht sie aus einem Labyrinth kleiner Gassen (*Hutongs* genannt), das den Kaiserpalast in der Verbotenen Stadt umgibt. Sie wurden von der Yuan-Dynastie (1279–1368) an gebaut. In nächster Nähe des Palastes befanden sich die Wohnhäuser der kaiserlichen Verwandten und Aristokraten, während Händler und das gewöhnliche Volk weiter im Norden und Süden lebten. Fast alle Einwohner wohnten in Häusern, die in Vierergruppen um einen viereckigen Hof mit Gärten voller Dattel-, Gewürznelken- und Granatapfelbäume angeordnet waren.

Im Herzen von Beijing liegt die Verbotene Stadt, in der 24 der Ming- und Qing-Kaiser wohnten. Der einst schwer bewachte Bezirk befindet sich hinter einem Graben und einer massiven Mauer. Der Kaiser, der in der zwischen 1406 und 1420 als Nachbildung des göttlichen Purpurpalastes errichteten Palastanlage lebte, galt als Sohn des Himmels. Bis zur Abdankung des letzten Kaisers 1912 (siehe Seite 138) war dies der Sitz der kaiserlichen Macht. Der göttliche Ort, den gewöhnliche Menschen früher nicht betreten durften, ist eine wahre Schatzkammer und gilt als einer der bedeutendsten Paläste der Welt. Er ist nicht nur einer der am besten erhaltenen Kaiserpaläste in China, sondern mit seiner Fläche von 720 000 m², 90 Palästen und Höfen, 980 Gebäuden und 8707 Zimmern auch der größte antike Palastkomplex der Welt.

Hintergrund: *Eine alte rote Tür zu einem verbotenen Reich – vor über 500 Jahren wurde Beijings Verbotene Stadt in vier Jahren erbaut. Hier lebten 24 chinesische Kaiser.*

Nebenbild oben: *In den verschiedenen Palästen der Verbotenen Stadt wohnten Kaiser, Kaiserin, kaiserliche Kinder, Beamte und Konkubinen.*

Nebenbild rechts: *Löwenpaare bewachen die Halleneingänge,*

Ebenfalls im Zentrum von Beijing befindet sich Tiananmen, das Tor des himmlischen Friedens (ursprünglich 1417 errichtet), eins von zwei antiken, gewaltigen Toren. Der riesige Platz des himmlischen Friedens, das „Eingangstor" zur Verbotenen Stadt, ist mit 440 000 m² der größte offene Innenstadtplatz der Welt. Besonders gern wird das weitläufige Zeremoniegelände, das einer Million Zuschauer Platz bietet, für Militärparaden benutzt. Aber auch zur Entspannung kommen die Anwohner her – oft lassen sie hier Drachen steigen. Bei Festen und an Feiertagen wird das Gelände manchmal mit frischen Blumen bestreut. An der Südseite des Platzes, wo einst das Tor des Reiches der Mitte stand, befindet sich das Mao-Mausoleum, die letzte Ruhestätte des Vorsitzenden Mao. Seine einbalsamierte Leiche liegt hier in einem Kristallsarg.

Etwa 15 km vom Zentrum Beijings entfernt steht der Sommerpalast, der ursprünglich 1750 dort erbaut wurde, wo sich einst Gärten aus dem 12. Jahrhundert befanden, den aber alliierte britische und französische Truppen 1860 zerstörten. 1888 veruntreute die Kaiserinwitwe Cixi Marinegelder, um ihn wiederaufzubauen. Heute können Besucher dort über 100 Gebäude bewundern. Ein Spaziergang über die gewundenen Pfade durch den herrlichen Königsgarten und die klassischen Gärten enthüllt einen weiteren Schatz an Pavillons, Türmen, Brücken, Hallen und Toren – errichtet neben ruhigen Seen, Hügeln und dichten Bäumen.

Den Himmelstempel im Südosten Beijings umschließt eine lange Mauer, deren halbkreisförmiger Nordteil den Himmel und deren viereckiger Südabschnitt die Erde symbolisiert. Das Gelände erstreckt sich über etwa 27 km². Der Tempel wurde während der Ming-Dynastie im Jahr 1420 ohne Nägel oder Dübel für Opfergaben an den Himmel errichtet, speziell am Tag der Wintersonnenwende.

Unmittelbar im Westen von Beijing liegt Datong, das in zwei Dynastien Hauptstadt war, heute jedoch vor allem für das spektakuläre Hängende Kloster am Heng Shan, das sich mit unmöglich scheinender Hartnäckigkeit an Schluchtenwände klammert, und die Yungang-Grotten bekannt, deren 53 Höhlen 51 000 buddhistische Statuen beherbergen. Eine spätere Sammlung faszinierender Statuen findet sich auch in den Longmen-Grotten hoch über dem Huanghe 12 km südlich von Luoyang.

Gegenüber: *Beijings futuristisches Nationaltheater inmitten eines künstlichen Sees umfasst ein Opernhaus, eine Konzerthalle und ein Theater. Bei den Einheimischen heißt dieses spektakuläre Gebäude „Das Ei". Es wurde vom französischen Architekten Paul Andreu entworfen und 2007 eröffnet.*

Links: *Treppe zum Himmelstempel („Tian Tan"), einem weitläufigen Tempelkomplex, in dem während der Ming- und der Qing-Dynastie der Kaiser den Göttern opferte.*

Unten: *Am Tiananmen (Tor des himmlischen Friedens) am gleichnamigen Platz prangt ein riesiges Mao-Porträt. Hier rief er 1949 die Volksrepublik China aus.*

Die Chinesische Mauer

Schon im 7. Jahrhundert v. Chr. wurde mit dem Bau der Mauer begonnen und ab dem 5. Jahrhundert v. Chr. erlebte der Mauerbau erneut einen Aufschwung. Die erste Befestigung aus Stein und Erde errichtete man, als China 221 v. Chr. geeint wurde. Mehrere als Festungswerk gebaute Mauern, die gemeinsam unter dem Begriff „Chinesische Mauer" zusammengefasst wurden, schlängelten sich im Laufe der Geschichte durch die Landschaft, aber die historischen Ruinen in der Nähe von Beijing – gebaut in der Ming-Dynastie ab 1449 als Verteidigung gegen Angriffe der Mongolen – sind am besten erhalten und für die meisten Menschen als „die" Chinesische Mauer zu erkennen.

Die Chinesische Mauer ist mit ihren etwa 6400 km das längste je errichtete Bauwerk und verläuft am südlichen Rand der Inneren Mongolei entlang – mit weiteren Abschnitten und Nebenabschnitten kommt sie auf eine Gesamtlänge von über 6700 km. In ihrer Blütezeit bewachten über eine Million Wächter diese Ming-Mauer. Schätzungen zufolge starben im Laufe der jahrhundertelangen Bauphase und bei ihrer Verteidigung zwischen zwei und drei Millionen Chinesen. Mit Sicherheit half sie dabei, das Reich gegen mehrere Mandschu-Invasionen zu schützen, aber letztendlich führten die unerschwinglichen Kosten für Instandhaltung und Bemannung in Verbindung mit Machtkämpfen, die die bestehende Hierarchie untergruben, zur Aufgabe der unerhört ehrgeizigen langfristigen Baupläne. Schließlich öffnete ein unzufriedener Ming-Grenzgeneral 1644 den Mandschu die Tore, die daraufhin prompt Beijing besetzten, die neu gegründete Shun-Dynastie unterwarfen und das Qing-Reich gründeten.

Hintergrund: *Die Chinesische Mauer, hier golden in der Abendsonne leuchtend, schlängelt sich seit rund 2200 Jahren über Tausende von Kilometern durch Chinas sanft geschwungene Hügelketten.*

Unten: *Wachtürme an der Chinesischen Mauer wurden systematisch nicht weiter als zwei Pfeilschüsse voneinander entfernt errichtet, damit jeder Mauerabschnitt von einem Aussichtspunkt oder dem nächsten aus verteidigt werden konnte.*

Ming- und Qing-Gräber

Bei Shisanling, etwa 50 km nördlich von Beijing und 24 km von der Chinesischen Mauer entfernt, befindet sich eine kaiserliche Begräbnisstätte für die Ming-Kaiser. Sie wurde zwischen 1409 und 1644 erbaut und ist über den „Weg der Seelen" zu erreichen, eine lange, gerade Allee, die von Statuen – Regierungsbeamten, Militärfunktionären und Gelehrten – sowie einer Ehrengarde aus Tierfiguren gesäumt wird, darunter Löwen, Kamele, Pferde, Elefanten und mythische Wesen wie Einhörner. Dahinter liegen 13 der 16 Ming-Kaiser, 23 Kaiserinnen und Konkubinen (manche davon lebendig begraben) in palastähnlichen Gräbern. Die Stätte liegt nach Fengshui-Prinzipien ideal – das friedliche Tal wird auf drei Seiten vom Drachen- und vom Tigerberg geschützt, die böse Geister daran hindern, auf dem Nordwind hierher zu gelangen.

Die Herrscher der Qing-Dynastie (1644–1911) sind an zwei großen Stätten begraben. Die Westlichen Qing-Gräber liegen 120 km westlich von Beijing und umfassen 14 Mausoleen, in denen 78 Mitglieder der Kaiserfamilie ruhen. Die Paläste und antiken Steingebäude verfügen über mehr als 1000 mit üppigen Schnitzereien und Skulpturen verzierte Zimmer.

Die Östlichen Qing-Gräber finden sich 125 km östlich von Beijing. In diesem weitläufigen, gut erhaltenen Grabkomplex auf dem Changrui-Berg ruhen fünf Kaiser, darunter der erste Qing-Kaiser Kaiser Shunzhi (1638–1661), 14 Kaiserinnen und zahlreiche Konkubinen und kaiserliche Nachkommen. Backsteinpfade bilden heilige Wege, die die Gräber in verästelter Anordnung miteinander verbinden. Eines der kunstvollsten Gräber ist das der mächtigen Kaiserinwitwe Cixi (1835–1908), die niemals offiziell den Thron bestieg, aber über vier Jahrzehnte die Staatsgeschäfte als Macht hinter dem Thron lenkte. Sie war eine der einflussreichsten Frauen in der chinesischen Geschichte.

Unten: *Paarweise aufgestellte Elefanten, Löwen, Kamele und verschiedene mythologische Kreaturen bilden die „Ehrengarde" vor den Ming-Gräbern in Shisanling – auf einem Gelände, das der Ming-Kaiser Yongle im frühen 15. Jahrhundert auswählte.*

Rechts: *Dieser alte steinerne Ritualaltar steht in einem Grab aus der Qing-Dynastie. Aus dieser Zeit (1644–1911) finden sich in der Nähe von Beijing zwei große Mausoleumskomplexe – die Westlichen und die Östlichen Qing-Gräber.*

Unten: *Dingdongling ist das prächtige Grab der mächtigen Kaiserinwitwe Cixi (1835–1908), die auch die Drachenkaiserin genannt wurde. Es gehört zu den Östlichen Qing-Gräbern und wurde schon vor ihrem Tod zum gewaltigen Preis von 72 Tonnen Silber errichtet.*

Bronze, Silber und Gold

Während das 21. Jahrhundert Fahrt aufnimmt, wendet sich die chinesische Nation – die Heimat von 23 Prozent der Weltbevölkerung – der Zukunft zu und nimmt ihren verdienten Platz als einer der großen Motoren der Weltwirtschaft ein. So wie die Verleihung der Bronze-, Silber- und Goldmedaillen bei den Olympischen Spielen 2008 das Zeugnis eines erstaunlichen Wandels ablegen, so lässt sich dieser auch am Zustand von Chinas Wirtschaft ablesen, der die Position des Landes in der Welt und seinen raschen Aufstieg von der alten Kultur zur modernen Supermacht spiegelt. China befindet sich auf einem aufstrebenden Weg – mit Kräften, die alle fünf Elemente durchdringen: Erde, Wasser, Feuer, Holz und Metall – als fortwährender Einfluss und direkte Energieimpulse im gesamten Land des Drachen.

Oben: *Beijings 400 Millionen Dollar teures Olympiastadion trägt wegen seiner Stahlstrukturen den Beinamen „Vogelnest". Es fasst bis zu 91 000 Zuschauer; daneben werden weitere 30 neue Austragungsorte in der Stadt errichtet.*

Rechts: *Chinesische Gebäude werden seit Jahrhunderten in beeindruckendem Maßstab entworfen und errichtet, wie die ummauerte Festungsstadt Jiayuguan am westlichen Ende der Chinesischen Mauer bezeugt. China erlebt gegenwärtig einen Bauboom und verbraucht dabei rund 36 Prozent der weltweiten Stahlressourcen.*

Faszinierende Fakten und Zahlen

Die Zahlen variieren je nach Quelle und einige unterliegen dem Wandel, aber die folgenden Fakten zeichnen in jedem Fall ein faszinierendes Bild von China als Nation und Kultur.

Land und Meer

- Mit 9 596 960 km² und einer Landgrenze von 22 143 km Länge – unter Berücksichtigung aller umstrittener Gebiete – ist China nach Russland und Kanada das drittgrößte Land der Welt und das größte in Asien. Unter Ausschluss der umstrittenen Gebiete nimmt es nach den USA den vierten Platz auf der Weltrangliste ein.
- China grenzt an 14 verschiedene Länder: Russland, Indien, Afghanistan, Bhutan, Myanmar, Kasachstan, Nordkorea, Kirgistan, Laos, Mongolei, Nepal, Pakistan, Tadschikistan und Vietnam.
- Die West-Ost-Ausdehnung beträgt etwa 5200 km, die Nord-Süd-Ausdehnung etwa 5500 km.
- Die Küstenlinie im Osten erstreckt sich über rund 14 000 km.
- Drei große Meere grenzen an das chinesische Festland: das Gelbe, das Ostchinesische und das Südchinesische Meer plus der Golf von Bohai, der eigentlich zum Gelben Meer gehört.
- Über 5400 Inseln liegen vor der Küste des chinesischen Festlands verstreut.
- Chinas Klimazonen reichen von subarktischem Klima im Norden bis zu tropischem Klima im Süden.
- China umfasst 22 Provinzen, fünf autonome Gebiete und vier regierungsunmittelbare Städte.
- Der Jangtse ist mit 6300 km der drittlängste Fluss des Planeten.
- China erstreckt sich über fünf Zeitzonen, hat sich jedoch auf eine einzige Standardzeit festgelegt: UTC (Koordinierte Weltzeit, d. h. Mittlere Greenwichzeit) + 8 Stunden.
- Die Wüste Gobi ist die viertgrößte Wüste der Welt und Asiens größte; die Temperaturen schwanken hier zwischen 40 °C und –40 °C.
- Der Mount Everest (in China unter dem Namen Qomolangma bekannt) ist mit etwa 8850 m der höchste Berg der Welt.
- Der niedrigste Punkt in China liegt mit 155 m unter dem Meeresspiegel in der Turfan-Senke; nur das Tote Meer liegt noch tiefer.

Geschichte

- Zu den prähistorischen Funden in China gehören der Pekingmensch *Homo erectus,* der vor etwa 250 000 – 600 000 Jahren lebte, der Yuanmou-Mensch und der Lantian-Mensch von 1 Million–750.000 Jahren vor unserer Zeit und der Shu-Affe, ein rund 45 Millionen Jahre alter Primat.
- Chinas Zivilisation reicht 7000 bis 8000 Jahre zurück und ist damit die älteste fortbestehende Zivilisation der Welt.
- China besitzt das am längsten ununterbrochen verwendete Schriftsprachensystem der Welt.
- Die chinesischen Astronomen verzeichneten 2133 v. Chr. als Erste einen Meteoritenschauer und 1217 v. Chr. eine Sonnenfinsternis.
- Die Seidenstraße, einst die Hauptstraße in den und aus dem Osten, erstreckt sich über rund 8000 km zu Land und zu See.
- Der Kindkaiser Pu Yi, von 1908 bis 1912 der letzte Kaiser von China, bestieg schon im Alter von zwei Jahren den Thron.
- Kaiserin Wu Zetian (625–705) aus der Tang-Dynastie war die einzige weibliche Herrscherin über China; manche behaupten, sie hätte zwei ihrer Söhne und ihre kleine Tochter getötet, um ihre politischen Ziele zu erreichen.
- Zu den Währungen in China zählten Kaurimuscheln (vor etwa 3000 – 4500 Jahren), Bronzestücke (einige wie Spaten oder Messer geformt), die ersten Papierbanknoten (im 9. Jahrhundert), Seidenbanknoten und Jade. Die aktuelle Währung heißt Yuan.
- Über eine Million Bauern, Gefangene und Soldaten errichteten vor über 1700 Jahren die Chinesische Mauer, die sich am südlichen Rand der mongolischen Hochebene über etwa 2400 km durch die Hügelkämme schlängelt.

China heute

- China hat über 1,3 Milliarden Einwohner (1 321 851 000 im Juli 2007), stellt damit über ein Fünftel (rund 23 Prozent) der Weltbevölkerung und ist die bevölkerungsreichste Nation der Welt.
- Die Han-Chinesen bilden die größte ethnische Gruppe in China (91,9 Prozent); die restlichen 8,1 Prozent setzen sich aus 55 offiziellen Minderheiten zusammen, darunter Zhuang, Uygur, Hui, Yi, Tibetaner, Miao, Mandschu, Mongolen, Buyi und Koreaner.

- Mandarin ist die offizielle der 206 in China gesprochenen Sprachen.
- Zu den in China praktizierten Religionen gehört der Buddhismus mit einer Milliarde Anhängern, außerdem Daoismus, Islam, Hinduismus, Judentum, Himmelsverehrung, chinesische Volksreligion, Christentum und mehrere Sekten.
- Der 44 Hektar große Platz des himmlischen Friedens, das ursprüngliche Tor zur Verbotenen Stadt und dem Kaiserpalast, ist mit einer Süd-Nord-Ausdehnung von 880 m und einer Ost-West-Ausdehnung von 500 m der größte öffentliche Platz der Welt.
- Der neue Drei-Schluchten-Staudamm ist mit rund 2335 m Länge und 185 m Höhe der größte Staudamm der Welt. An seiner Basis misst er 115 m in der Breite, oben 40 m.
- Die chinesische Sprache verfügt über mehr als 20 000 Zeichen, aber die meisten Chinesen lernen nur etwa 6000 davon.

Tier- und Pflanzenwelt

- Zu den mehr als 1000 in Dashanpu in der Provinz Sichuan gefundenen Dinosaurierfossilien gehören vierflügelige, gefiederte *Theropoda*, die als das fehlende Bindeglied zwischen Dinosauriern und Vögeln gelten.
- Die ältesten Blütenfossilien (125 Millionen Jahre alt) wurden 2002 hier in einer sandfarbenen Steinplatte in Nordostchina identifiziert.
- China beherbergt über 4500 Wirbeltierarten, darunter 1244 Vogel-, 430 Säugetier-, 208 Amphibien-, 350 Reptilien- und 2300 Fischarten.
- Einige Exemplare des uralten, seltenen Ginkgo oder Fächerbaums *(Ginkgo biloba)* in China sind möglicherweise bis zu 3000 Jahre alt.
- In China wachsen etwa 46 Nadelbaumarten, 33 Kamelien, 63 Stechpalmen, 300 einheimische Farne, 31 Magnolien, 66 Orchideen, 46 Rhododendrons und 58 Irisarten (21 davon endemisch).
- Über 574 Wald- oder Naturschutzgebiete befinden sich in China.
- China besitzt 3 Millionen Hektar kultivierte Reisfelder. Reis wird möglicherweise schon seit ca. 9000 v. Chr. angebaut, domestizierte Züchtungen werden seit etwa 6400 v. Chr. kultiviert.
- China ist die Heimat von 52 der insgesamt 196 Fasanenarten der Welt.
- Der Südchinesische Tiger *(Panthera tigris amoyensis)* ist die vielleicht am stärksten vom Aussterben bedrohte der weltweit fünf verbliebenen Tiger-Unterarten.

Oben: *Wachen im Dienst am Tiananmen auf dem Platz des himmlischen Friedens in Beijing.*

- Die Chinesen nennen den seltenen Großen Panda „Bärenkatze“ – vielleicht weil er als einziger Bär senkrechte, schlitzförmige Pupillen hat (wie eine Katze) und ein geschickter Kletterer ist.
- Der wilde Yak kann Temperaturen von bis zu –40 °C überleben, weil sein dichtes Fell ihm als Isolation dient und weil seine Blutzellen etwa halb so groß sind wie die anderer Rinder, aber dreimal so zahlreich und so den erreichbaren Sauerstoffgehalt im Blut erhöhen.
- Die männliche Mandarinente wird seit dem 5. Jahrhundert verehrt und in der chinesischen Kunst dargestellt und taucht bei Hochzeitsfeiern häufig als Symbol der ehelichen Zuneigung und Treue auf.
- Der Chinesische Elefant starb im 14. Jahrhundert v. Chr. aus, aber heute leben einige Asiatische Elefanten in einem Naturschutzgebiet in der Provinz Yunnan.

Erfindungen

- Die Chinesen erfanden im 7. Jahrhundert die erste Eiscreme! Andere bedeutende Erfindungen waren u. a. Schießpulver, Raketen und Feuerwerk, Buchdruck, Bücher, Papierherstellung und Papiergeld, Abakus, Steigbügel, Schubkarre, Erdbebenanzeiger, Porzellan, Seide und der Kompass.

- Zur chinesischen Medizin gehört die Akupunktur, eine Kunst, die seit über 5000 Jahren in Gebrauch ist.
- Der chinesische Kalender, der auf dem Mondzyklus basiert und 12 Tierkreiszeichen umfasst, entstand 2600 v. Chr. und ist damit der älteste bekannte Kalender. Ein vollständiger Zyklus dauert 60 Jahre.
- In China fährt man auf der rechten Straßenseite außer in Hongkong, wo die Autos dank britischem Einfluss noch immer links fahren.
- Tee wird in China seit über 1800 Jahren getrunken.
- Kung-Fu wurde von den Shaolin-Mönchen entwickelt, um sich gegen Räuber auf einsamen Bergstraßen zu verteidigen.
- Drachen wurden zwischen 475 und 221 v. Chr. erfunden – zu militärischen Zwecken. Große Holzdrachen dienten zum Spionieren oder zum Überbringen von Nachrichten.

Verschiedenes

- Es gibt 37 Millionen mehr Männer als Frauen in China.
- Zu den größten Statuen in China gehört der Tian-Tan-Buddha in Hongkong, der weltweit größte sitzende Bronze-Buddha im Freien. Der steinerne Große Buddha von Leshan ist mit 71 m Höhe die mit Abstand größte Buddhastatue der Welt. In Jianjiang Qianfoyan sind über 2400 Buddhas in die Felsen gemeißelt. Der mit 170 m Länge größte liegende Buddha befindet sich in Dongfang Fodu Gongyuan (Buddha-Park des Ostens).
- Über eine halbe Million Dollarmillionäre sind derzeit in China gemeldet.
- Chinas derzeitiger Name stammt aus der Qin-Dynastie (ausgesprochen *chin*).
- 162 Millionen Menschen nutzen gegenwärtig (2008) das Internet in China; 2,6 Millionen Websites sind landesweit registriert.
- Essstäbchen wurden schon in der Shang-Dynastie (1562–1066 v. Chr.) benutzt und setzten sich in der Han-Dynastie (206 v. Chr. bis 220 n. Chr.) allgemein durch.
- 440 Millionen Menschen in China verwenden derzeit Mobiltelefone, um unterwegs zu kommunizieren.
- „Jahrhunderteier" sind eine chinesische Delikatesse: Die Eier werden mit speziellen Zutaten eingelegt und monatelang vergraben, bevor man sie freilegt und isst.
- Das Yin-Yang-Symbol steht für Harmonie und den Treffpunkt entgegengesetzter Kräfte und einen ewigen Kreis, wie es im großen Wahrsagebuch *I Ging (Das Buch der Wandlungen)* beschrieben wird.
- Chinas Flagge ist rot mit einem großen und vier kleinen gelben Sternen in der linken oberen Ecke.
- Der Drache ist ein Nationalsymbol und gilt als Glück bringendes Wesen mit der Macht, das Leben zu bereichern und zu beeinflussen. Der chinesischen Tradition zufolge sind die Chinesen Nachfahren des Drachen.
- Die vier am meisten verehrten Tiere des alten China waren Drachen, Phönix (der König der Vögel), das Qilin, das mit seinem Drachenkopf, dem Geweih, den Pferdehufen, dem Ochsenschwanz und der Wolfstirn Dämonen abwehren und Söhne bescheren kann, und – als einziges „echtes" Tier – die Schildkröte, ein Symbol für Langlebigkeit und Wohlstand.
- Dem Löwen wird nachgesagt, er könne das Böse austreiben und Glück bringen. Er gilt als Symbol der Macht.

Chinesische Dynastien

Da häufig auf Kaiserdynastien verwiesen wird, hier ein kurzer Überblick über die Daten und die Dauer der Perioden:

Xia 2033–1562 v. Chr. (471 Jahre)
Shang 1562–1066 v. Chr. (496 Jahre)

Zhou-Dynastien 1122–256 v. Chr. (866 Jahre)
Westliche Zhou-Dynastie 1066–771 v. Chr. (295 Jahre)
Östliche Zhou-Dynastie 77–256 v. Chr. (514 Jahre)
(einschließlich Zeit der Frühlings- und Herbstannalen 770–476 v. Chr. und Zeit der Streitenden Reiche 475–221 v. Chr.)

Qin 221–207 v. Chr. (14 Jahre)
Westliche Han 206 v. Chr.–9 n. Chr. (215 Jahre)
Xin 9–25 (16 Jahre)
Östliche Han 25–220 (195 Jahre)

Periode der Uneinigkeit 220–589 (369 Jahre ist China in mehrere Krieg führende Königreiche und Herrscherhäuser zersplittert)

Sui 581–618 (37 Jahre)
Tang 618–907 (289 Jahre)
Fünf Dynastien und Zehn Königreiche 907–960 (53 Jahre)
Nördliche Song 960–1126 (166 Jahre)
Südliche Song 1127–1279 (152 Jahre)
Yuan 1279–1368 (89 Jahre)
Ming 1368–1644 (276 Jahre)
Qing 1644–1911 (267 Jahre)

Register

Abakus 6, 237
Anyang 192
Archäologie 27, 40, 72
Armbrust 122
Astrologie 6, 101, 103, 142
Astronomie 6, 142
Aufforstung 147
autonome Gebiete
  Guangxi Zhuang 154
  Innere Mongolei 20
  Tibet 15, 44, 47, 53, 74, 82, 83, 90, 121, 205, 219
  Xinjiang 21, 36, 52, 74, 154, 159
Autos 7, 202, 238
Bambus 10, 30–32, 34, 48, 51, 53, 55, 68, 120, 122, 129, 130, 148, 152, 154, 162, 166, 167, 170, 172, 174, 184, 188, 220
Berge
  Changbai (Baekdu) 14, 44, 89, 90, 148, 154
  Chingan (Hinggan) 20, 30, 82, 148, 152, 205
  Everest (Qomolangma) 7, 44, 47, 236
  Heilige Berge 44
  Heng Shan Nan 44
  Hengduan 152
  Himalaja 10, 40, 44, 52, 53, 55, 59, 82, 83, 152, 159, 166
  Huangshan 57
  Jadedrachen-Schneeberg 45
  Kunlun 78
  Lushan 9, 44
  Sanqing 152, 188
  Taihang 154
  Tsinling 44
  Wudang 44
  Yon 41
  Zijinshan 214
Bonsai 182
Böttger, Johannes 126
Brettspiele 186
Bronzezeit 7, 79, 103, 192, 194
Brücken 68, 86, 90, 122, 126, 136, 170, 191, 202, 206, 207, 216, 219, 223, 228
Buchdruck 116, 120, 122, 237
Buddhismus 138, 237
Bund 210
Carpini, Johannnes de Plano 6
Chinesische Mauer 36, 136, 138, 230–232, 234, 236, 238
Christentum 138, 237
Cixi, Kaiserinwitwe 228, 232, 233
Dalai Lama 21
Daoismus 44, 116, 152, 237
Drachen (Fabelwesen) 112, 238
Drachen (Flug-) 128, 129, 238
Drachenbaum 30
Drachenwurz 94
Drei-Schluchten-Staudamm 63, 75, 208, 237
Dschingis Khan 21, 22, 60, 208
Dschungel 30
Dynastien 238
  Han 72, 108, 126, 136, 138, 182, 184, 186, 192, 198
  Ming 12, 21, 44, 106, 126, 174, 208, 214, 216, 226, 228, 230, 232
  Qin 64, 68, 103, 106, 108, 170, 194, 216
  Qing 106, 108, 112, 129, 148, 174, 198, 208, 216, 226, 230, 232
  Shang 6, 103, 106, 126, 170, 192
  Shun 230
  Song 64, 68, 106, 108, 116, 130, 170, 208
  Sui 86, 106
  Tang 64, 68, 108, 116, 120, 126, 129, 142, 152, 166, 182, 184, 216
  Xia 103
  Yin 126, 170
  Yuan 21, 120, 210, 226
  Zhou 53, 192
Ebenen 20
Eisenbahn 21, 205
Eisenzeit 79
Erdbeben 14, 178
Fahrräder 202, 203
Fengshui 99, 142, 232
Feste
  Doppel-Neun- 136
  Doppel-Sieben- 136
  Drachen- 129
  Drachenboot- 130, 134
  Frühlings- 130
  Harbiner Eis- und Schnee- 136
  Laternen- 130
  Neujahrs- 133
Feuer, Gebrauch von 79, 126
Flüsse 74–85
  Amur (Heilong Jiang) 74, 82
  Haihe 74, 86
  Huanghe (Gelber Fluss) 16, 20, 26, 36, 60, 74, 75, 78–80, 86, 89, 103, 192, 228
  Huaihe 74, 86, 152
  Irtysch 74
  Jangtse (Jangtsekiang) 4, 20, 26, 44, 63, 64, 74–76, 78, 86, 90, 94, 154, 159, 202, 208, 210, 214, 216, 236
  Liaohe 74
  Mekong 82
  Perlfluss 74, 82
  Qiantang 86
  Tarim 74
  Yarlung Zangbo 74, 82, 89
Forest & Trade Network 151
Fossilien 6, 40, 12, 237
Geografie 10, 236
Geschichte 10, 236
Ginkgo 16, 148, 237
Ginseng 152
Gräber 232
Grasland 20
Grenzen 10
Großbritannien 106, 214, 228
Guanyin-Statue 30
Hardwicke, Thomas 53
Himmelssee 90
Himmelstempel 228
Hochebenen 10, 57, 152, 236
Holz 174–181
Hongkong 6, 7, 60, 64, 68, 73, 82, 94, 103, 178, 203, 214, 222–226, 238
Innozenz IV., Papst 6
Islam 138, 237
Jade 72, 106, 192, 198, 214, 236
Japan 79, 120, 182, 186, 203, 210, 214, 216, 223
Judentum 138
Jurte 21, 90
Kaiser
  Fu Xi 79, 112
  Gelber 142
  Guangzong 208
  Kublai Khan 60, 216
  Ming Taizu 214
  Pu Yi 138, 236
  Qin Shihuangdi 112, 194
  Shunzhi 232
  Sun Quan 214
  Wu Di 44, 108, 138
Kaiserkanal 86, 216
Kalligrafie 103, 106, 116, 184
Kampfkunst 142, 238
Klima 10, 14
Kommunismus 138
Kompass 6, 120, 122, 125, 237
Konfuzius 6, 116, 138, 213, 214
Küche 126
Kunst 106
Kuomintang 138
Küste 10
Langer Marsch 44, 138
Lantau Island 68, 223
Laozi (Laotse) 138
Laternen 130, 184
Letzter Kaiser 138, 226
Liaodong-Halbinsel 60
Literatur 7, 112, 116, 138
Lotus World 220

Macau 68, 82
Mao Zedong 44, 138, 141, 202, 228, 229
Mathematik 122
Medizin 122, 142, 170, 238
Meere
  Bucht von Korea 10, 60
  Gelbes Meer 10, 59, 60
  Ostchinesisches Meer 10, 59, 64
  Südchinesisches Meer 10, 59, 64, 82
  Taiwan-Straße 64
Mongolei und Mongolen 20–22, 36, 40, 208, 216, 230, 236
Mundy, Peter 82
Musik 108, 178
Nanjing-Straße 210
Nepal 44
Neujahr 108, 130, 133, 134
Olympische Spiele 234
Opiumkrieg, Erster 223
Paläontologie 6, 40
Papier 6, 120, 122, 170, 184–187, 237
Papierfaltkunst 186
Papiergeld 6, 120, 121, 237
Parks und Schutzgebiete 12, 16, 30, 31, 48, 151, 152, 154, 237
Peking-Oper 108, 178, 186
Pflanzen 16
Philosophie 138
Platz des himmlischen Friedens 228, 237
Polo, Marco 6, 40, 60, 103, 126, 170, 206, 216
Porzellan 6, 106, 126, 208, 237
Provinzen
  Anhui 78, 184
  Fujian 30
  Gansu 48, 52, 53
  Guangdong 34, 220
  Guizhou 52
  Hainan 30, 64
  Hebei 34, 216
  Heilongjiang 82, 152, 154
  Henan 44, 78, 103
  Hubei 44
  Hunan 44, 154
  Jiangsu 30, 31, 214
  Jiangxi 44
  Jilin 152, 154, 159
  Liaoning 152
  Qinghai 78, 82
  Shaanxi 14, 34, 44, 52, 89, 184, 206
  Shandong 44, 129
  Shanxi 44, 48, 138, 178
  Sichuan 20, 34, 48, 52, 166, 216
  Yunnan 35, 45, 52, 53, 57, 82, 166, 192
  Zhejiang 30, 31, 72, 86, 206
Pudong 210
Qu Yuan 68, 116, 130
Reis 12, 26, 27, 237
Religion 138, 237
Rikschas 202, 203
Rote Armee 138
Ruoergai-Moorgebiet 20
Scheinmohn 53
Schießpulver 6, 120, 122, 237
Schiffsbau 72, 122
Schnellstraßen 202
Schriftsystem 6, 116, 237
Seefahrt 72, 73, 122
Seen 26, 44, 90
Seide 6, 122, 125, 237
Seidenstraße 10, 36, 40, 60, 122, 125, 198, 206, 208, 218, 236
Seismometer 6, 122
Shandong-Halbinsel 60
Spode, Josiah 126
Städte
  Beijing 6, 7, 14, 86, 104, 206, 226–229, 230, 234
  Beijung, Verbotene Stadt 7, 104, 138, 226, 228, 237
  Chengde 216
  Chengdu 216
  Chongqing 208
  Ciqikou 208
  Fengdu 208
  Gaochang 208
  Hangzhou 86, 90
  Hechuan 208
  Hohhot 21
  Jiaohe 208
  Nanjing 7, 214
  Sanshui 220
  Shanghai 7, 14, 64, 103, 104, 198, 202, 210–213
  Suzhou 216
  Turfan 208
  Xi'an 194
  Yangzhou 216
Steigbügel 6, 237
Steinwald 57, 192
Sui Ren Shi 79
Sümpfe 26, 94
Sunwukong (König der Affen) 32
Sun Yat-sen 214
Taiwan-Straße 64
Tee 238
Terrakottaarmee 194–197
Tiefland 26
Tier- und Pflanzenwelt 16, 237
Tiere 237
  Affe 16, 30, 32, 52, 154
  Alligator 16, 78
  Asiatische Goldkatze 159
  Asiatische Riesenhornisse 52
  Asiatischer Esel (Onager) 24, 36, 40
  Bär 10, 30, 40, 52, 159, 161
  Delfin 16, 75, 82
  Dugong 61
  Elefant 16, 35, 237
  Frosch 27, 34, 35, 94, 159
  Gecko 41
  Goldfisch 98, 99
  Hase 159
  Hirsch 16, 26, 30, 90, 154, 159
  Kamel 10, 21, 24, 36, 40, 41, 90
  Karpfen 98, 99
  Leopard 16, 30, 36, 40, 52, 158, 159
  Luchs 159, 161
  Makake 30
  Mongolische Gazelle 24
  Mongolisches Pferd 22
  Panda, Großer 16, 48–51, 166, 216, 237
  Panda, Kleiner 52, 53, 166
  Przewalski-Gazelle 24, 36
  Przewalski-Pferd 24, 36, 41
  Salamander 94
  Schakal 154
  Schildkröte 61
  Schuppentier 30, 159
  Seegurke 61
  Springmaus 41
  Tiger 16, 32, 90, 152, 154, 237
  Vielfraß 154
  Wal 61, 72
  Wasserbüffel 26
  Wolf 40, 52, 152, 154
  Yak 38, 53, 90, 237
  Ziesel 159
  Zobel 154
Transmongolische Eisenbahn 21
Transport 202
Tu Meng 116
Turfan-Senke 10
Tusche 120
Tuwinen 90
Überschwemmungen 79
Uhren 122
Unterhaltung 108
Urgeschichte 6, 40, 72, 79
Vertrag von Nanjing 214
Vögel 34, 162, 237
  Buntkopfalcippe 162
  Fasan 16, 24, 34, 162, 237
  Großtrappe 24
  Häherling 162
  Haubentaucher 90
  Kranich 16, 26, 78, 90, 94
  Löffler 94
  Mandarinente 26, 29, 162, 237
  Möwe 90
  Nipponibis 16, 52
  Rebhuhn 34, 162
  Schlangenweihe 34
  Seidenpirol 34, 162
  Steppenregenpfeifer 24
  Storch 90
  Waldvögel 34
Volksrepublik China 138, 229
Vulkane 14, 152
Wälder 12, 30, 31, 32, 48, 57, 147–166, 192
Wang Wei 166
Wasserfälle 89
wertvolle Materialien 198–201
Wildlife Conservation Association 48
World Wildlife Fund 48
Wüsten 36
  Badainjaran 36
  Dzoosotoyn-Elisen 36
  Gobi 7, 10, 20, 36, 40, 41, 44
  Lop 36
  Ordos 36
  Taklamakan 10, 36, 41, 208
Yunnan-Becken 30
Zhe Zhi 186
Zheng He, Admiral 64, 73
Zirkus 108